KB204199

살아있는 숲이
불을 지핀다

살아있는 숯이 불을 지핀다

초판 1쇄 발행 | 2023년 6월 13일

지은이 | 이은용
펴낸이 | 이미라
편 집 | 이한민
디자인 | Design IF
펴낸곳 | 도서출판 사도행전
주소 | 서울시 강남구 자곡로 180
전화 | 010-6251-3842
이메일 | actsbook29@gmail.com
홈페이지 | www.actsbook.org
카카오톡 | sonkorea
등록번호 | 465-95-00163
공급처 | (주)비전북 031-907-3927

책값은 뒷표지에 있습니다. 잘못된 책은 바꾸어 드립니다.
ISBN 979-11-978062-3-0 03230

'영적 방화범'의
공격적 헌신

살아있는 숯이 불을 지핀다

복음에 빚진 선교사열전 2

이은용 지음

도서출판 사도행전

아프리카 속으로

나는 1991년 9월 13일에 아프리카 케냐 선교사로 파송받았다. 지난 32년 동안 동부 아프리카의 케냐(Kenya)와 우간다(Uganda), 소말리아(Somalia)와 소말릴란드(Somaliland), 중부 아프리카의 부룬디(Burundi)와 르완다(Rwanda), 북부 아프리카의 에티오피아(Ethiopia)와 에리트레아(Eritrea)를 다니면서 선교사역을 했다. 케냐와 에티오피아 사역에 주력했고, 우간다와 르완다에서는 현지인 지도자 양성을 위한 목회자훈련을 하였다. 소말리아 기근 현장과 르완다 종족 학살 전쟁 현장에서는 구호사역을 하였다. 부룬디와 에리트레아와 소말릴란드에는 몇 차례 전도여행을 하면서 복음을 전했다.

나의 제1기 선교사역은 1991년 9월 14일부터 1994년 7월 6일까지 남부 케냐 올도인뇨 광야에 위치한 응고일레(Ngoile) 마을과 렐레(Lele) 마을에서 진행되었다. 마사이(Maasai)가 사는 응고일레 마을에서는 9개월간 다국적 선교사들과 함께 생활하면서 선교 현장에 적응하는 훈련을 겸하였다. 이 기간의 사역은 거창하게 설명할 만한 정도는 아니었다. 아프리카 킬리만자로 산자락에 붙어 있는 광야에 거주하는 인구 150여 명의 작은 마사이 부족에서 조용하게 진행한 사역이었다. 문명과 동떨어진 마사이 부족과 함께 생활하면서, 전기 없이 사는 법, 물이 없는 광야에서 생존하는 법, 식품이 귀한 곳에서 극도로 절제하며 사는 법, 문화가 전혀 다른 마사이 사람들을 이해하고 존중하는 법, 그리고 여러 다른 국적의 사람들과 어우러져 공동생활하는 법을 배웠다.

이 기간에는 특히 일주일에 한 번씩 물을 길어와야 했다. 주중에 물 긷는 날을 정해, 멀리 떨어진 산자락의 수원지인 렐레 마을까지 50킬로미터를 운전해서 다녔다. 물을 긷던 어느 날, "너는 왜 렐레 마을에서 물을 길어 먹으며 생존하면서 '영원한 생명수의 근원이신 예수'를 전하지 않느냐"라는 하나님의 음성을 들었다. 그 말씀에서 성령의 감동을 받아, 1992년 6월에 렐레 오지 마을로 온 가족이 이주하여 마사이 부족에 대한 사역을 본격적으로 시작하였다.

우리 가족은 이 기간 동안 프로젝트를 위한 재정을 따로 모금하지 않았다. 우리에게 지원된 생활비를 최대한 절약하여 그들에게 나눠주면서, 그들과 함께 살았다. 예수 그리스도의 영생의 복음을 전하였고, 문맹의 어린이들을 교육하기 위해 우리의 시간과 재정을 쏟아부었다.

우리 가족이 정착한 렐레는 어른과 아이들을 모두 합쳐도 150여 명에 불과한 오지의 작은 마을이었다. 렐레에는 6개의 보마(Boma)가 있었는데, 보마는 소똥으로 지은 집들이 한 울타리 안에 여러 채 있는 대가족의 거주지이다. 이 마을은 학교도 의료 시설도 없고, 물건을 살 수 있는 가게도 없었다. 우리 부부는 이 마을의 복음화를 위해 '통전적'(holistic)인 선교 계획을 세우고, 예배를 드리기 위한 교회 개척과 교육을 위한 학교 설립, 그리고 마을의 소득 증대를 위한 바나나 농장을 시작하였다.

그렇게 작은 렐레 마을에서 소박하게 사역을 시작한 지 30여 년이 지났는데, 그동안 이 마을에서 10명의 목회자가 나왔다. 모든 보마에서 한 곳도 빠짐없이 목회자가 배출된 것이고, 어떤 보마에서는 2명의 목회자가 나왔다. 성령의 역사로 렐레 마을이 통째로 복음화되는 놀라운 일이 일어난 것이다. 렐레초등학교를 졸업한 학생들 가운데에서는 부도지사, 교사, 목사, 공무원 등이 배출되었다. 복음의 황무지였던 마을에 복음의 꽃을 피운 것은 하나님의 놀라운 은혜다.

나는 3년간 마사이 원주민들과 함께 광야 생활을 하면서도 꾸준히 중부 아프리카 부룬디와 르완다 등을 조사(research)하는 활동을 하였다. 특히 1992년과 1993년에는 소말리아 내전으로 발생한 기근 현장을 방문해 식량 배급사역과 의료사역을 통한 구호사역을 하였다. 유엔안전보장이사회는 1992년에 소말리아 평화유지작전, 이른바 UNISOM(United Nations Operation in Somalia)을 시행하였는데, 내가 소속되었던 선교단체는 유엔 산하에 KEMAR(Korean Evangelical Mission for Africa Relief)라는 국제 NGO를 등록하고 구호사역을 할 수 있었다.

1994년에는 중부 아프리카 르완다에서 발생한 종족집단 학살현장에서 일하였다. 르완다의 투시(Tushi)와 후투(Hutu) 부족 간의 갈등으로 일어난 이 전쟁은 100일 동안 100만 명이 사망해 20세기 최대의 집단 학살 참사로 기록되었다.

나의 제2기 선교사역은 1994년 7월 7일부터 1997년 8월 28일까지 에티오피아에서 진행되었다. 에티오피아에서 선교사역을 하게 된 동기는 1993년 한국이웃사랑회(대표회장 정혜원)에서 에티오피아 구호사역을 하고 싶다고 하여 함께 리서치 여행을 갔다가, 에티오피아에 선교사가 절대적으로 필요하다고 보았기 때문이다.

에티오피아에서는 박희민 목사께서 한국 선교사로서는 최초로 1969년부터 1974년까지 사역했다. 하지만 멩기수트(Mengistu)의 공산정부가 들어선 후에는 선교사들이 공식적으로 활동할 수 없었다. 내가 1993년에 조사를 위해 에티오피아를 처음 방문했을 때 활동하던 한국인 선교사는 한 사람도 없었다.

나는 이듬해인 1994년 7월 7일에 가족과 함께 에티오피아로 이주하여 선교사역을 시작하였다. 에티오피아에서는 외국인 선교사가 없는 북부의 고잠(Gojam) 지방을 주로 다니며 미전도 종족인 구무즈(gumuz) 부족에게 복음을 전했다. 그러나 결국 선교사 비자가 나오지 않아 1997년 6월 28일에 에티오피아에서 추방되었다.

국제 미아가 된 우리 가족은 하나님의 인도하심에 따라 미국 텍사스 머시쉽(Mercy Ship) 본부로 가서 10개월간 안식년을 보냈다. 그곳의 제자훈련학교(Cross Road Discipleship Training School)에서

‘지역사회 개발을 위한 기초’(Foundation in Community Development, FCD)에 대한 ‘집중 강의’를 들으며 공부할 수 있었다. 안식년을 보낸 후에는 다행히 에티오피아 비자를 받을 수 있게 되어, 지금까지 여러 차례 에티오피아를 방문해왔다. 에티오피아에서는 현지인 지도자 훈련을 하고 있으며, 산상기도운동과 새벽기도운동을 통해 선교사역을 이어가고 있다. 2023년 현재, 이곳에는 20개의 교회가 개척되어 지역사회 복음화가 이뤄지고 있다.

1998년 6월에는 안식년을 마치고 케냐로 돌아왔다. 케냐에서 하나님 나라를 확장하기 위해 가장 필요한 사역이 무엇인지 파악하기 위해 2년 동안 전국을 다니며 조사했다. 조사 결과, 이곳에도 현지인 목회자들을 훈련하는 일이 가장 중요하고 급한 일이라는 결론을 얻었다. 그래서 1998년부터 2023년 현재까지 25년 동안 케냐에서 현지인 목회자훈련을 지속한 결과 193개의 교회가 개척되었다. 세워진 교회마다 케냐 지역사회의 복음화에 앞장서고 있다.

케냐와 에티오피아에서 시작된 나의 아프리카 선교 사역은 지금도 진행중이다. 멈출 수 없는 하나님의 선교이기 때문이다.

이제 케냐에서의 사역은 크게 세 영역으로 전개되고 있다.

첫째는 지역사회 복음화를 위한 영적 개발 사역이다. 지난 25년 동안 목회자훈련학교(Pastor’s Training School)를 개최하여 현지인 329명이 2년 과정의 훈련받았다. 이들 중 198명이 목사 안수를 받았고, 교회를 개척하여 케냐의 지역사회 복음화에 앞장서고 있다.

둘째는 미래지향적인 지역사회 개발을 위한 교육 사역이다. 13개의 초등학교와 3개의 고등학교를 건립하여 다음 세대를 교육하고 있다.

셋째는 양계, 목축, 옥수수 농사, 감자 농사, 임업 등의 소득 증대 사업이다. 이 일들을 통해 지역사회 개발 사역을 하고 있다.

에티오피아에서 진행되고 있는 사역 또한 여러 가지가 있다.

첫째는 현지인 목회자훈련이다. 2003년 이래 20년 동안 정기적인 목회자훈련학교를 개최하여 현지 지도자를 양성하고 있다.

둘째는 기도운동이다. 한국교회가 가지고 있었던 산상기도운동과 새벽기도운동을 이곳에 소개해, 현지 교회의 영적 각성 운동을 전개하고 있다. 특별히 2004년 이래 남부 에티오피아 월라이타(Wolayita) 지방에서 지속되고 있는 산상기도운동은 이 지역의 교회들을 깨우는 영적 각성 운동이 되고 있다.

셋째는 현지인 선교사 훈련이다. 에티오피아 현지의 깔레히옷(Kale Hiwot, 암하릭어로 '생명의 말씀'이라는 뜻) 교단에 해외선교부를 창설하여 현지인 선교사를 훈련하였다. 이들은 중국, 방글라데시, 인도, 수단, 에리트레아, 소말릴란드 등에 선교사를 파견하였다.

아프리카 선교사로서 32년을 일하면서 확신하게 된 '이곳에서 가장 중요한 사역'은 현지인들을 훈련시켜 "땅끝까지 복음의 증인이 되라"고 하신 예수님의 마지막 유언을 감당하도록 하는 것이다. 이에 따른 이은용 선교사의 향후 사역은 '현지인 선교사 훈련학교를 개최하여 전 세계에 아프리카 출신 선교사를 파견하는 사역을 진행하는 것'이다.

나는 아프리카에서 현지인 선교사 훈련 사역을 더욱 체계적으로 확장하여, 예수 그리스도의 마지막 지상 명령인 땅끝까지 이르러 내 증인이 되라는 유언대로 '멈출 수 없는 하나님의 선교' 사역을 진행해나갈 것이다.

내가 아프리카 선교사로 파견된 지 13년이 지난 후에, 남부 에티오피아 암바리쵸(Ambaricho) 산에서 산상기도를 시작하였다. 약 6만 명의 검은 사람들이 산을 쌔까맣게 덮었다. 그들이 기도할 때, 그들에게 성령의 불이 붙어서 그들의 기도 소리가 천둥과 우레 치는 소리 같았다. 그때 나는, 13년 전에 이정숙 성도가 선교사로 떠나는 나를 위해 기도하다가 보았다는 환상이 생각났다.

서울역 근처 도동에서 극빈자로 살던 이정숙 성도는 고등학교 2학년 때 선교사로 헌신한 나를 위해 오랫동안 중보기도를 하신 분이다. 극도로 가난했던 시절에 대한민국의 성도들은 밤과 낮을 가리지 않고 교회에 가서 기도드렸는데, 이정숙 성도는 당시 집사셨던 나의 어머니(김신일 권사)와 중보기도를 하는 파트너였다. 그 분이 어느 날 철야 기도를 하던 중에, 나를 위한 중보기도를 하다가 이런 환상을 보았다고 말해주셨다.

"비몽사몽 간에 새까만 거산(巨山)을 보았는데, 자세히 보니 검은 숯으로 만들어진 산이었다. 어리둥절하여 산을 바라보고 있는데, 하늘에서 시뻘건 불덩어리가 날아오길래 쳐다보니 불이 붙은 숯불이었다. 이 살아있는 숯불이 까만 산의 중턱에 꽂히면서 순식간에 불이 붙어 거대한 산이 활활 타 올랐다. 그걸 보고 놀라서 화들짝 정신을 차렸다."

그분이 나를 위해 기도하다가 본 이 환상을 내게 들려주시면서, 내게 신신당부하셨다.

"아프리카 선교사로 가거든 살아 있는 숯이 되어야 해, 살아 있는 숯이 되어야 해."

이렇게 거듭 당부하시면서 내 손에 2천 원을 쥐어주셨다. 배급받은 쌀을 먹지 않고 아껴 모았다가 되팔은 돈이었다. 그 2천 원이 나의 아프리카 사역을 위한 쌈짓돈이 되었다.

나는 아프리카 선교사로 파송 받아 아프리카의 넓은 광야에서 정착해 살면서부터 영적 방화범(spiritual arsonist)이 되기를 자처했다. 특별히 남부 에티오피아의 11개 산에서 산상기도의 불을 지폈다. 이렇게 붙은 성령의 불은 남부 에티오피아 복음전도운동으로 이어졌다. 남부 에티오피아 교회의 리더인 인드리아스(Indrias) 목사와 같은 현지인 동역자들에 의하면, 산상기도를 시작한 2004년 이후 남부 월타이타 지방에 30만 명의 성도가 증가했다. 이정숙 성도가 기도 중에 본 환상 그대로, 살아 있는 숯처럼 선교 사역을 해온 결과 아프리카에 부흥의 불길이 활활 타올랐던 것이다.

이 책은 아프리카 땅에 붙은 성령의 불에 대한 이야기를 기록하고 있다. 32세 약관의 나이에 마사이 광야 마을에서 작은 불을 지피기 시작해서, 동부 아프리카 케냐와 우간다, 소말리아와 소말릴란드, 중부 아프리카 부룬디와 르완다, 북부 아프리카 에티오피아와 에리트레아로 옮겨 붙은 성령의 불은 오늘도 여전히 불타고 있다. 짠맛이 살아 있는 소금이 세상을 썩지 않게 만들 듯, 살아 있는 숯이 성령의 불을 지피는 불쏘시개가 되는 것이다.

나의 선교 사역을 담은 〈살아 있는 숯이 불을 지핀다〉라는 이 책이 소멸되고 있는 한국교회의 선교 열정에 다시 불을 지피는 작은 불씨가 되기를 기도한다.

이은용

사랑하는 주님,

아프리카 선교 열전이

하나님의 이름을 찬양하는

청아(淸雅)한 소리가 되어

하늘 보좌에 상달(上達)되게 하여 주옵소서.

아프리카에서 젊음을 불사르고 있는

작은 선교사의 가슴 중심에 끓고 있는

주 예수에 대한 사랑의 열정이

글을 읽는 사람들에게 전달되어,

이 땅에 하나님 나라를 이루기 위한

공격적인 헌신(radical commitment)이

여러 곳에 불붙게 하여 주옵소서.

그리하여 하나님을 하나님 되게 하고,

글을 읽는 이들은

하나님의 백성으로 자리매김하는

큰 은혜가 있게 하여 주옵소서.

이 책에 등장하는

아프리카 북동부의 나라들

Western Sahara

Mauritania

Senegal

Guinea

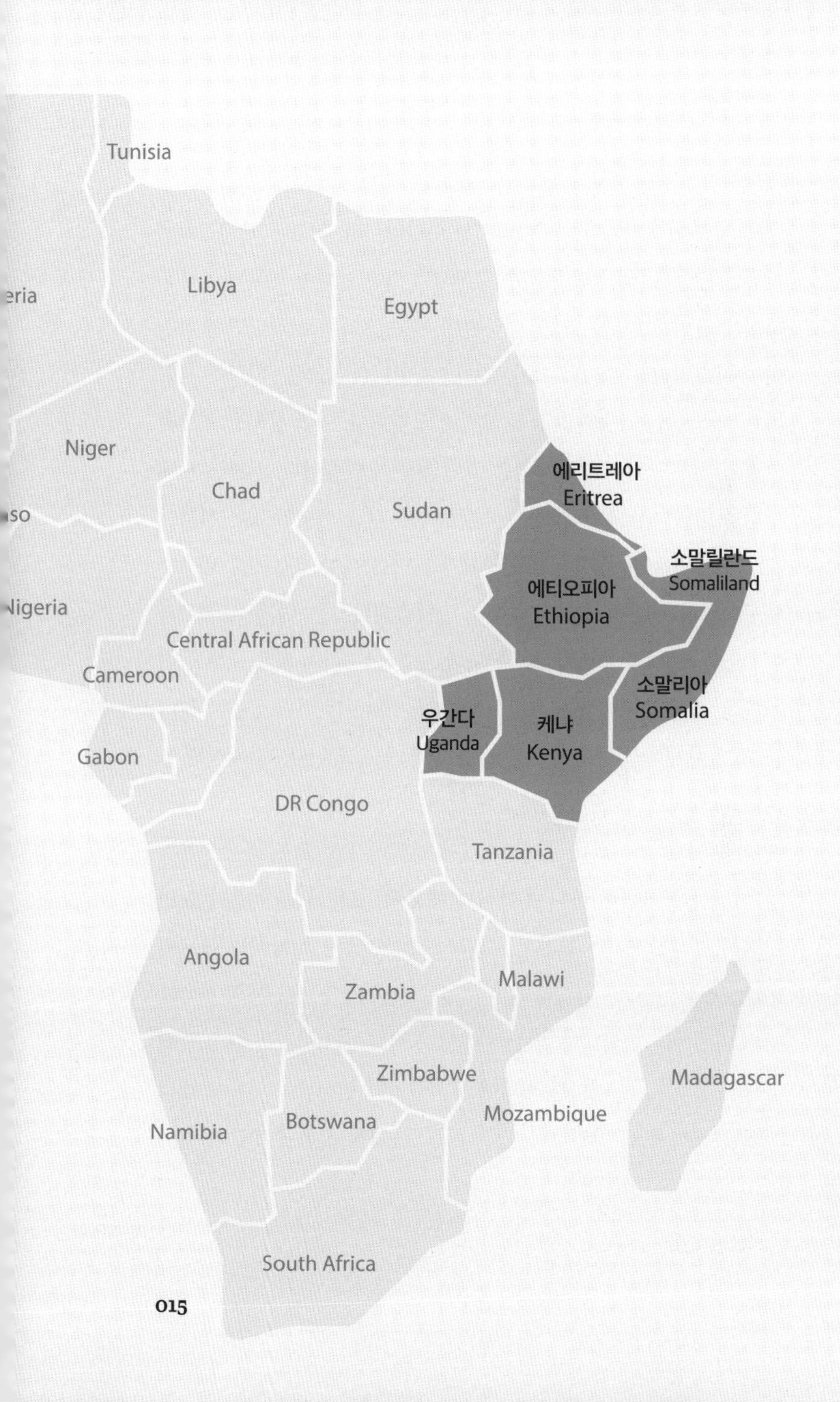
Tunisia
Libya
Egypt
Niger
Chad
Sudan
에리트레아
Eritrea
소말릴란드
Somaliland
에티오피아
Ethiopia
Central African Republic
Cameroon
소말리아
Somalia
우간다
Uganda
케냐
Kenya
Gabon
DR Congo
Tanzania
Angola
Malawi
Zambia
Zimbabwe
Madagascar
Mozambique
Namibia
Botswana
South Africa

"하필이면 아프리카냐?"는 아버지의 비명입니다. 평안도 꼭대기에서 사선을 넘어와, 낯선 땅에 겨우 정착해서 키운 아들이 신혼의 꽃다운 나이에 슬하를 떠나는 것도 서운한데, 힘든 선교사로 간다면서 하필이면 아프리카로 간다니 기가 막혔던 것입니다. 그래도 떠나는 불효자는 꽉 막히는 가슴과 눈물을 보이지 못합니다. 이런 상황은 일종의 가출입니다. 주님의 부르심에는 그런 장면이 있습니다. 제자들은 예수님을 따라나선 후 귀가하지 못했습니다. 바울 이후의 많은 사람들도 그랬습니다. 목사가 되고 선교사가 된다는 것이 대개 가출 비슷한 행동입니다. 이은용 선교사 내외도 그렇습니다. 나는 이들을 생각하면 1993년 케냐의 광야가 기억납니다. 엮은 나뭇가지 위에 소똥을 이겨 덮은 집들이 냄새를 풍기던 동네에서, 갓난 어린아이 둘을 작열하는 태양 아래에서 안고 있던 그들을 잊을 수 없습니다. "하필이면 아프리카냐?"라고 하셨던 아버지가 그 모습을 보셨더라면, 그냥 다리에 힘을 잃고 그 자리에 주저앉으셨을 것입니다. 선교 사역이란 본질상 이론이나 관념이 아니고 삶이기 때문에, 그들의 실상은 매우 인상적이고 감동적이었습니다. 그래서 그들의 삶은 "이왕이면 아프리카!"를 말할 수 있게 했습니다. 이 책은 그런 이은용 선교사의 사역과 그의 가족 이야기입니다. 읽는 사람들은 아프리카 선교의 실상을 실감함과 동시에, 그 메마른 현장에서 신실하게 헌신하는 이들에 대해 경의를 느끼게 될 것입니다. 많은 이들, 특별히 젊은 성도들의 필독

을 권합니다. —**서정운,** 장로회신학대학교 전 총장

흉내내기 어려운 이 아름다운 이야기를 읽으며, 마음에 맴돌았던 질문이 있었습니다. '그 부부는 무엇 때문에 어린아이를 업고서 오지로 달려갔을까? 무엇이 평생 그 무더운 땅을 누비게 했을까?' 페이지를 넘길 때마다 마치 황홀한 빛깔의 석류 알맹이처럼 선명하게 드러나는 답이 있었습니다. 복음입니다. 그 복음으로 살려내야 할 영혼, 복음으로 세워야 할 교회, 복음으로 구현해가야 할 하나님 나라였습니다. 그러면서 문득 입술에 계속 맴도는 것이 고정희 시인의 시구였습니다. "외롭기로 작정하면 / 어딘들 못 가랴 / 가기로 목숨 걸면 / 지는 해가 문제랴…." ('상한 영혼을 위하여').

100여 년 전, 우리 민족이 깊은 어두움 가운데 있을 때 생명을 걸고 우리에게 달려왔던 이들이 있었습니다. 그들을 통해 우리는 복음을 듣게 되었고, 생명의 빛을 보았습니다. 우리 손에 쥐어진 그 복음 때문에 가슴이 뜨거워진 젊은이들이 일어났습니다. 그 무리들 가운데 이 선교사 부부도 있었습니다. 그들이 달려갔던 곳에 복음이 빛이 비취면서 어둠이 물러가는 역사가 이어졌습니다.

아프리카 땅에서 젊은 날에 시작하여 지금까지 이어지는 그의 삶을 책에 담은 이유는, 주님이 다시 오시는 그날까지 선교의 이야기는 이어져야 하고 약화되어서는 안되기 때문입니다. 이 부부는 꺼져가는 선교의 열정에 다시 불을 지피기를 기도하며 '영적 방화범'이 되고자 하는 열망으로 달려갔고, '살아있는 숯이 불을 지핀다'는 일념으로 그 땅에 복음의 불을 지피고 있습니다.

본서를 읽으면서 기도가 더 구체화됩니다. "갈수록 영적 어둠이 깊어가는 조국 땅에서 영적 부흥이 힘차게 일어나게 하시고, 이 민족에게 허락하신 선교 사명을 다시 수행할 수 있도록 선교의 불씨가 당겨지게 하옵소서." 이 책이 그런 기도의 마음이 불일 듯 일어나게 합니다. 남은 인생 길을 주님 나라 위해 어떻게 달려가야 할지, 우리는 어떤 이야기를 남겨야 할지 깊이 생각하게 만듭니다. 일독을 권합니다.

—**김운용,** 장로회신학대학교 총장

이 책은 30여 년 전 아프리카로 달려가 어둠의 땅을 복음으로 밝히기 위해 젊음을 전부 주님께 드리며, 멈출 수 없는 하나님의 선교를 계속 감당해온 이은용, 홍영신 선교사 부부가 펼친 복음 선교의 이야기를 담은 책입니다. 그의 글에서 느껴지는 가슴 벅찬 열정과 '공격적 헌신'의 진동이 제 마음에 화상을 입히고 지진을 일으켰습니다. 복음과 선교에 대한 열정이 식어가는 한국교회의 일원 중 한 사람인 저에게 큰 도전을 주기 때문입니다. 이 책을 보는 모든 분이 어쩌면 저보다 더 심한 감동의 화상과 도전의 충격을 받게 될 것입니다.

그는 케냐뿐 아니라 에티오피아를 비롯한 동북부 아프리카 일대의 선교에 동참했습니다. 전쟁의 포화와 난민의 비명이 난무하는 곳도 마다하지 않고 달려갔습니다. 선교 사역에는 복음 전도라는 기본 사역 외에 현지인의 삶을 통전적으로 변화시키고 개발하기 위한 다양한 섬김이 필요합니다. 특히 전쟁 같은 갈등과 아픔이 있는 곳이라면 무엇보다 구호사역이 우선입니다. 그는 현장의 필요에 따라 전문적인 NGO 사역을 전개했으며, 복음과 빵과 의술과 교육까지 아우르는 총체적 사역을 전개했습니다. 그는 그렇게 수많은 사역을 감당해 왔을 뿐 아니라, 최근에는 선교와 관련한 여러 모임의 중책까지 맡아서 섬기고 있습니다. 이는 선교에 대해 언제나 선명한 기준을 가지고 있으며, 선교사로서 항상 열정을 잃지 않는 그의 성품과 태도 때문일 것입니다.

이 책이 선교 지망자뿐 아니라 선교에 대한 거룩한 부담감을 갖고 있는 한국교회의 모든 이들에게, 특히 아프리카와 같은 제3 세계를 위해 기도하고 있는 이들에게 큰 격려와 도움이 될 것입니다.

—**주승중,** 주안장로교회 담임목사

이은용 선교사, 그의 이름은 적어도 나에게는 결코 가볍지 않은 무게를 지녔다. 목표를 향한 한결같은 뜨거움 때문이다. 30년을 넘도록 식지 않는 '구령의 열정', 너무도 세련되지 못하다고 말할 수 있을 법한, 생명을 건지는 이 거룩한 사역에 그의 삶의 모든 시간을 걸었기 때문이다. 검은 대륙 아프리카, 이제 그곳은 육신의 고향보다 더 강력한, 뼈를 묻을 사명의 땅이 되었다. 쌓아온 모든 사역의 열매를 차치하고서라도, 그의 선교의 발걸음은 기억에 담아둘 만하다. '검은 대륙을 향한 공격적 헌신', 결코 물러서지 않을 그의 영혼의 진솔한 고백이다. 힘겨운 눈물의 시간과, 그것보다 훨씬 더 영롱하게 빛나는 사역의 여정을 담은 그의 글을 기쁨과 감격으로 받아든다. 좋은 선교사 친구의 사역으로 인해 주님께 감사하고 싶은 날이다. Soli Deo Gloria! —**황형택,** 새은혜교회 담임목사

차례

3 전쟁터인 아프리카

4 눈물 닦는 아프리카

1

하필이면 아프리카

A F R I C A

01 | 타임머신 타고 간 케냐

희생 없는 헌신은 거짓이다

"왜 하필이면 아프리카로 가려고 하느냐?"

평생 예수를 믿으시고 말수도 적으셨던 아버지께서 걱정스러운 말투로 질문하셨다. 나는 아버지가 나의 소명과 생각을 모르셔서 하신 질문이 아니라는 걸 알았기에 입을 열지 않았다.

나는 아버지로부터 신앙교육을 받으며 성장했다. 내 신앙의 모든 가치관은 아버지에 의해 형성된 것이다. 1960년대의 가난했던 한국교회는 주일학교를 위한 전도사를 따로 세울 수 없었다. 그래서 열심 있는 부장집사가 어린이 설교를 맡아서 하는 교회가 종종 있었다. 나의 아버지도 그런 열심이 있는 부장집사 가운데 한 분이셨다. 나는 목사가 아닌 집사 아버지의 설교를 들으며 어린이 예배에 참석했다.

아버지는 성경 속의 위대한 믿음의 선배들 이야기를 자주 해주셨다. 그들의 모본을 따라 살아가라고 신신당부하셨다. 하지만, 막상 다 큰 아들이 아프리카 선교사로 헌신하고서 선교지로 가겠다고 하니 걱정이 되신 것 같다. 주의 종으로 헌신한 것이면 한국에서 목회하면서 살면 되지, 왜 '굳이' 아프리카까지 가느냐고 물으셨던 것이다. 당시만 해도 아프리카는 한국인에게 전쟁과 기근, 야만족과 맹수가 우글거리는 곳, 사람이 살지 못할 사지(死地)로 인식되고 있었다. 사랑하는 아들을 위한 아버지의 근심은 당연한 것이었다.

나의 조부 이사준 장로는 1938년 평안북도 철산에서 철산읍교회가 예배당을 건축할 때, 아버지를 비롯한 8남매 자녀에게 "하나님의 전을 짓는 것이 우리집 짓는 것보다 우선이다"라고 가르치셨다. 그러시더니, 자녀들이 늘어나 집을 확장하려고 모아둔 공사 비용 전부를 예배당 건축하는 일에 헌금하셨다. 나의 아버지는 좁은 집에서 자라나셔야 했다. 그리고 해방이 왔고, 공산군이 들어왔다.

나의 부모님은 공산당원들이 기독교인을 핍박하기 시작하자 이남으로 이주하여 실향민 생활을 시작하였다. 열심히 일하셔서 상당한 부를 축적하셨으나, 내가 초등학교에 입학할 때 사업에 실패하였다. 우리 가족은 잦은 이사를 하며 유목민 같은 삶을 살아야 했다. 그 시절만 해도 대한민국 사람 대부분은 생존을 위해 가난과 전쟁하며 살았다. 우리집은 더욱 그래야 했다. 더구나 성적 위주로 사람을 평가하던 시절이어서, 나는 학업에 집중할 수 없었다.

뱀처럼 생긴 열등감이 항상 나의 내면 깊숙한 곳에 똬리를 틀고서 나를 압박했다. 그럼에도 불구하고, 나는 학창 시절 내내 열심히 신앙생활을 하였다. 고등학교 시절에는 새벽기도회에 참석하였고, 학교를 마친 후에도 교회에 가서 혼자 저녁기도를 드렸다. 그때 예배당 바닥은 차가운 마루였다. 그 마루 위에 십자가 모양으로 팔을 벌리고 엎드려서 기도를 드리곤 하였다.

고등학교 2학년이던 1972년, 나의 모교회인 산성교회에 고원용 목사께서 오셔서 부흥회를 인도하셨다. 이 교회는 당시엔 서울역 근처에 있었다. 부흥회 마지막 날 새벽기도회에서 평생을 선교사로 살 사람은 일어나라고 초청하셨고, 그날 나는 선교사가 되기로 헌신하였다.

선교사로 헌신했음에도 불구하고, 나의 내면에 깊숙이 자리잡고 있던 열등감은 쉽게 사라지지 않았다. 그러나 하나님의 은혜로, 1984년 정동 CCC 회관에서 이동원 목사께서 인도했던 '새생활세미나'에 참석하면서 열등감이 사라졌다. "하나님께서 인간을 신묘막측한 존재로 창조하셨다"라는 말씀을 들으면서, 나는 하나님께서 만드신 걸작품이라는 생각을 하였다. 나에게 창조적인 자아관이 형성된 날이었다. 가난과 열등감으로 꿈이 없던 나였지만, '나도 만인을 구원하신 예수님의 모델을 따라 선교사가 되어 땅끝까지 복음을 전하는 사역을 할 수 있다'라는 꿈을 꾸게 되었다.

1984년 나이 25세에 늦깎이 대학생이 된 나는 1991년에 신학대학원을 졸업할 때까지, 7년간 아프리카 선교를 위한 중보기도모임에 참석하였다. 이 기간에 아프리카선교회에서 일하면서 아프리카 선교소식을 한국교회에 전달하였다. 선교사의 재정을 관리하는 선교 행정 실무도 담당하였다. 또한 '희생 없는 헌신은 거짓이다'라는 생각으로 전도사 월급의 15퍼센트를 아프리카 선교 헌금으로 보냈다. 그러면서 아프리카 선교사가 되기 위한 준비를 실제적으로 하였다.

달동네를 떠나 미지의 땅으로

나의 삶에서 북한산 자락에 붙어 있는 강북구 삼양동의 산동네는 너무나 중요한 장소였다. 내가 아프리카 선교사로서 살아온 32년 세월 동안, 지금은 뉴타운의 연장선으로서 대단위 아파트단지로 완전히 탈바꿈했지만, 당시만 해도 판잣집이 수두룩하고 골목도 가파른, 소위 말하는 달동네였다. 나는 1982년 육군 하사로 군대를 제대한 후 결혼하고 선교사로 나가기까지 삼양동 산동네에서 9년을 살았다.

판잣집과 다름없는 집들은 대부분 재래식 공동 화장실을 사용하고 있었다. 그런 동네에 사는 사람들 대부분은 '막노동' 일꾼이었다. 저녁이면 가끔 술 취한 사람들의 고성방가가 들렸다. 나는 그런 동네에서 살면서 한양대학교 영문학과를 졸업한 다음, 선교사가 되려는 목적을 품고 광나루에 있는 장로회신학대학교 대학원을 졸업했다. 나는 신학대학원 1학년 때, 숙명여대를 나온 아내를 만나 결혼하였다.

나의 아내 홍영신 선교사는 비교적 유복한 가정에서 성장하였다. 시집오기 전에는 강남 대치동에서 살았는데, 서울 하늘 아래에 이런 산동네가 있다는 것을 보고 몹시 놀랐다고 한다. 한번은 아내의 친구가 우리의 첫딸 고은이의 백일잔치에 왔다가, 자신의 자동차가 우리집이 있는 산동네를 올라올 때 "가파른 언덕에서 뒤집어지는 줄 알았다"는 농담을 했다. 그럴 정도로, 우리가 살았던 집의 주소는 '하늘 아래 일번지'였다.

홍영신 선교사는 충현교회 주일학교를 다니던 초등학교 4학년 때, 인도네시아에서 사역하였던 서만수 선교사의 선교 보고를 듣고서 선교사로 헌신하였다. 중학교 때부터는 예수전도단(YWAM)에서 훈련받으며 학창 시절을 보냈다. 아내는 대학교 1학년 때에 예수전도단에서 개최한 신입생전도학교에서 나를 만났다. 대학교 3학년 때에는 예수전도단에서 개최한 대학생제자훈련학교(UDTS)에서 6개월간 훈련받았다.

우리가 살던 삼양동의 달동네 집은 쓰레기 차가 올라올 수 있는 마지막 지점인 언덕 아래의 가게보다 위에 있었다. 겨울이면 매일 힘들게 하얗게 탄 연탄재를 들고서 가파른 언덕을 내려가 버려야 했다. 그래서 겨울에 눈이 오는 날은 나에게 너무나 기쁜 날이 되었다. 무거운 연탄재를 언덕 아래 가게 앞까지 나르지 않고 집 앞에서 부숴버릴 수 있었기 때문이다. 그런 집에서 아내는 첫 아이를 잉태했다. 임신한 상태에서 산을 오르내리는 아내의 모습을 볼 때 안쓰러웠지만, 삼양동의 신혼 시절은 행복했다. 그렇게 정이 든 산동네를 떠나 미지의 땅 아프리카로 간다는 것이 처음에는 실감이 나지 않았다.

여명을 깨우는 땅끝행전

1991년 9월 13일 금요일, 아직 동이 트지 않은 새벽 5시에 나와 아내, 그리고 23개월 된 첫째 딸 고은이는 아프리카로 가는 비행기를 타기 위해 김포공항으로 갔다. 내가 선교사의 꿈을 품은 해가 1976년이니, 15년 만에 꿈을 이룬 것이었다. 그때만 해도 '미지의 세계인 아프리카로 가면 언제 돌아올지 모른다'고 생각하면서, 우리 부부는 전날에 거의 뜬눈으로 밤을 지새웠다. 삼양동 달동네를 떠나 미지의 땅 아프리카로 향하며 느낀 거룩한 기대감은 아버지의 염려마저 넘어서게 해주었다.

"본토, 친척, 아비 집을 떠나라"는 주님의 명령에 순종하는 것은 쉬운 일이 아니다. 주님께서 "가족을 버리라"고 말씀하신 것이 아니라, "우리 인생의 우선순위가 천국 복음을 전하는 선교에 있다"라는 걸 말씀하신 것은 알지만, 가족과 이별할 때 가슴속 깊은 곳에서 올라오는 슬픔을 삼키는 일은 쉽지 않았다.

우리 부부가 가져갈 수 있는 짐은 총 40킬로그램이었다. 아프리카로 가져갈 짐을 며칠 동안 꾸렸지만, 항공사의 규정에 따른 무게 제한 때문에 짐을 꾸리는 일은 몹시 어려웠다. 짐을 싸고 푸는 일을 몇 번이나 거듭했다. 아프리카로 선교 이민을 가는 우리의 짐은 성경책, 고은이의 옷과 광목 기저귀, 고은이를 위해 산 8천 원짜리 뽕뽕카, 우리 부부의 옷 몇 벌, 작은 고춧가루 한 봉지 등이 전부였다.

우리 가족을 환송하러 나온 부모와 친구들, 신학교 후배들, 그리고 교인들은 공항을 울음바다로 만들었다. 그 자리에서 내게 가장 힘들었던 일은, 20대 초반에 월남하여 전쟁을 겪고 마른 광야의 억새풀처럼 인생을 강하게 살아오신 아버지의 눈에서 처음으로 눈물을 본 것이다. 나는 가슴속 깊은 곳에서 올라오는 눈물을 아버지에게 보이기 싫었다. 우리 또한 가족 친지들과 이별하는 마음이 힘들어 배웅 나온 사람들의 젖은 눈을 볼 수 없었다. '비자발적으로 아프리카 꼬마 선교사'가 된 고은이와 아내와 함께, '어머니의 애타는 표정과 아버지의 젖은 눈'을 힐끔 쳐다본 다음, 황급히 공항 안으로 뛰어 들어갔다. 우리는 '어디론가로 가는 타임머신'을 탔다.

비행기에 탑승하여 자리를 잡으니 참았던 눈물이 주르륵 흘러내렸다. 하염없이 흐르는 눈물은 나의 심장 가장 깊은 중심에서 솟아오른 것이었다. 잊으려 애써도 잊을 수 없었던 가족과 친구들의 모습을 생각하면서, 아프리카로 가는 비행기 안에서 쓴 나의 일기 제목은 '이별보다 귀한 주님'이었다. 주님이 그 무엇보다 소중하기에 떠날 수 있는 것이다. 그렇게 내디딘 우리 가족의 선교 첫걸음은 정든 땅, 정든 친구, 정든 가족과 이별하는 것으로 시작되는 '땅끝 행전'의 출발이었다.

살아 있는 숯이 되어야 해

내가 아프리카 선교사로 가면서 이별한 사람 중에 같은 교회를 다니던 이정숙이라는 분이 있었다. 그 분은 나의 어머니 김신일 권사와 함께 하나님 나라를 위해 중보기도를 하는 기도의 동지이시다. 여자 성도 2명이 40대일 때부터 서울역 근처 도동2가 14번지에 위치한 40여 평 남짓한 작은 교회의 강대상 밑에 골방 기도실을 꾸미고 함께 기도회를 시작하셨다. 대한민국이 극도로 가난했던 시절이어서, 한국교회의 성도들, 특히 여성들이 밤과 낮을 가리지 않고 교회에서 기도드릴 때였다. 내 어머니와 이정숙 성도가 바로 그런 분들이었다.

이정숙 성도는 중국 연변에서 살다가 남한까지 피난 와서, 남편과 자식 없이 혼자 살아가는 분이었다. 나라에서 극빈자들을 고용하는 취로 사업에서 거리를 청소하는 일을 하였고, 주민센터에서 쌀을 배급받아 생활하는 가난한 분이었다. 교회에서는 집사 직분도 받지 못하고 그저 성도라는 이름으로 살아가고 있었지만, 아기 예수님을 기다린 여선지자 안나처럼 늘 교회에서 기도하셨다. 그 분이 내가 아프리카 선교사로 헌신한 것을 알고서, 교회의 자랑이라고 생각하며 오랜 세월 동안 나를 위해 중보기도를 하였다.

어느 날 밤, 이정숙 성도가 나를 위해 중보기도를 하다가 비몽사몽간에 환상을 보았다고 했다. "기도 중에 새까만 거산(巨山)을 보았는데, 자세히 보니 검은 숯으로 만들어진 산이었다. 어리둥절하여 산을 바라보고 있는데, 하늘에서 시뻘건 불덩어리가 날아오길래 쳐다보니 불이 붙은 숯불이었다. 이 살아 있는 숯불이 까만 산의 중턱에 부딪히면서 순식간에 불이 붙어 그 큰 산이 활활 타올랐다. 그걸 보고 놀라서 화들짝 정신을 차렸다"라고 말해주었다.

그 분이 나를 위해 중보기도를 하다가 본 이 환상을 내게 들려주면서, "아프리카 선교사로 가거든 살아 있는 숯이 되어야 해, 살아 있는 숯이 되어야 해"라고 거듭 당부하였다. 그러면서 2천 원을 내 손에 쥐어주셨다. 배급받은 쌀을 먹지 않고 아껴 모았다가 되팔은 돈이었다. 그 2천 원이 나의 아프리카 사역을 위한 쌈짓돈이 되었다.

타임머신을 타고서 별천지로

하루가 지난 다음날 9월 14일, 우리가 탄 타임머신은 말로만 들었지 실체는 전혀 상상하지 못했던 미지의 세계, 아프리카에 우리를 내려놓더니 '반드시 실어 나라야 할 또 다른 사람을 나르기 위해' 어디론가 날아가 버렸다.

타임머신이 우리 가족을 데려다 놓으려는 곳은 케냐 올도인뇨(Ol Doinyo) 광야의 응고일레라는 마을이었다. 마사이 부족이 사는 곳이다.

우리가 나이로비공항에서 응고일레로 가는 길에서 본 지평선은 끝이 없을 것 같았다. 그 평원에는 얼룩말, 기린, 타조, 사슴, 버팔로, 이랜드 같은 동물들이 우리 가족을 환영하기 위해 도열하고 있었다. 우리 부부는 23개월 된 딸에게 "고은아, 고은아 저거 봐라! 저게 얼룩말이다, 저게 타조다, 저게 사슴이다"를 연발했다. 서울이라는 도시에서 태어나 성장한 우리 부부에게도 야생 동물이 뛰노는 광야는 완전히 새로운 세상이었다. 말 그대로 타임머신을 타고서 다른 시대, 다른 세상에 온 것 같았다.

응고일레는 '나무가 작다'라는 뜻이다. 강수량이 적기 때문에 생긴 이름이다. 이 마을은 아프리카에서 가장 높은 킬리만자로(Kilimanjaro) 산자락에 붙은 광활한 광야에 있다. 이 마을 사람들의 주업이 유목이라 모든 문화는 가축과 깊이 연관돼 있었다. 가축을 기르면서 생긴 소똥으로 집을 짓고, 소똥은 말려서 땔감으로 쓴다. 설거지는 지푸라기를 섞은 소똥으로 하고, 집안의 장판도 소가죽이다. 삶의 모든 것에서 소를 떼놓을 수 없다.

우리가 정착한 응고일레는 걸리버가 경험한 소인국도 대인국도 아니고, 환상(幻想)의 섬도, 인간이 말(馬)에 지배받는 나라도 아니었다. 우리보다 약간 검은 얼굴을 가졌으나 훨씬 건강해 보였고, 우리를 다소 신기한 듯이 쳐다보며 미소 짓는 사람들이 사는 평온한 마을이었다. 그들은 하나님께서 신비롭게 만드신 기린, 타조, 얼룩말, 사슴 같은 수많은 야생 동물들과 어울리며 살고 있었다.

저녁 6시가 되면 적도 위에 떠 있던 태양은 서쪽의 보금자리로 재빨리 사라져버렸고, 마을은 칠흙같은 어둠에 묻혀버렸다. 까만 광야에서는 만물이 모습을 감추었다. 아무도 다니지 않아 세상이

정지된 것 같았다. 밤을 지배하는 어둠은 눈부시게 파란 하늘도, 광야의 가시나무도, 기린과 사슴도, 풀을 뜯던 소와 양도, 지팡이를 들고서 소와 양을 돌보던 목동들까지 모두 삼켜버렸다.

전기 없는 마을에 도착한 우리 가족은 어두워지면 호롱불을 켜고 심지를 조절하는 법부터 배워야 했다. 하지만 밤이 깊어지자, 우리 가족은 하나님께서 우리를 보내신 그 마을이 '별천지'(star world)라는 것을 곧 알았다. 셀 수 없이 수많은 별들이 반짝이며 각자의 존재를 과시했다. 우리는 광야 마을에서 사는 동안 어둠에 익숙해지는 대신 밤별들과 친해질 수 있었다. 그날 밤 나의 일기 제목은 '타임머신을 타고서 별천지로!'였다.

무서울 정도로 어두웠던 첫날밤이 지나고, 다음날 새벽에 빛의 주관자이신 하나님의 은혜로 떠오르는 태양을 보면서 새날을 맞이하였다. 태양이 떠오르기 시작하자, 까만 세상에서 정지해 있던 만물도 역동적으로 깨어나 활동하기 시작하였다. 나도 이른 새벽에 일어났다. 하나님께서 만드신 빛의 기운을 받아서인지 힘이 불끈 솟았다. 혼자 마을을 돌며 땅 밟기를 하면서 새벽기도를 하였다.

광야에서 새벽기도를 할 때, 뜨거운 아프리카에 대한 나의 고정관념은 완전히 깨졌다. 새벽 광야에서 살 속을 파고드는 찬바람을 만났기 때문이다. 아프리카의 새벽바람은 시원하고 맑았다. 새벽마다 맑은 공기를 마시면 가슴 깊숙한 곳까지 마음이 정화되는 느낌을 받곤 하였다. 하나님께서 우리 가족을 아프리카 광야에 보내신 것은 자연의 기운을 받으며 살도록 하신 큰 은혜이고 최고의 배려였다.

날이 밝아오자, 이번엔 더러워진 호롱 유리관을 닦는 법도 배워야 했다.

선교사 초년병의 광야 생존기

우리가 정착한 응고일레 선교본부의 집은 네덜란드에서 건축학을 공부한 코니(Connie)라는 자매가 아프리카에서 단기 선교사로 봉사하는 동안 설계하여 지은 집이다. 돌로 벽을 쌓고 양철로 지붕을 삼았다. 외벽에는 페인트를 칠하지 않았고, 내부에 벽지나 장식이나 가구가 없었다. 집안 중앙에는 거실과 작은 샤워실과 부엌이 있었고, 사방으로 작은 방이 네 개 있었다. 필리핀에서 온 게르트루드 로욜라(Gertrude Loyola) 선교사, 케냐 현지인 제임스(James), 한국에서 단기선교 봉사자로서 온 김창국, 임재찬, 권현순, 미국 LA에서 온 재미교포 김정한과 이진실 부부 선교사, 그리고 한국에서 온 우리 가족 등 10여 명이 이 집에서 공동생활을 하며 지냈다.

이 집에서 사는 동안 가장 어려운 문제는 물을 구하는 일이었다. 전기는 없으면 불편하지만, 물이 없으면 생존이 불가능하기 때문이다. 게다가 아프리카 광야의 우기(雨期)는 짧고 건기(乾期)는 길다. 물 긷는 일이 선교사역의 일부가 될 수밖에 없었다. 건기에는 일주일에 한 번, 수원지가 있는 렐레까지 25킬로미터나 가서 물을 길어와야 생존할 수 있었다. 그래서 우리는 매주 금요일마다 물을 길어오는 '북청 물장수'가 되어야 했다. 제대로 된 길이 없는 거친 광야를 왕복 50킬로미터나 다녀와야 했지만, 그건 마사이 원주민들에 비하면 쉬운 일이었다. 그들은 마른강까지 10리를 걸어가, 20리터짜리 물통에 흙이 섞인 물을 길어와야 했다. 그나마 그걸로 며칠을 살아야 한다.

나는 샘이 있는 렐레에 도착하면 광야의 찜통더위를 식히기 위해 엉성하게 지어놓은 양철 샤워장에 들어가 빠른 속도로 물부터 뒤집어쓰곤 하였다. 마사이 여인들이 물을 길으러 오는 모습이 보이기라도 하면 구멍이 숭숭 뚫린 양철 샤워장 틈으로 벌거벗은 내 모습이 들킬 것 같아, 몸이 덜 말랐어도 서둘러 옷을 주워 입곤 하였다.

우리가 가진 물통은 기름통으로 쓰던 200리터 크기의 드럼통 2개와 20리터짜리 물통 다섯 개였다. 그걸 다 채우면 대략 500리터쯤이었다. 하지만 응고일레에서 렐레 사이의 길이 비포장이어서, 선교본부에 도착하면 드럼통의 물이 많으면 절반 가까이나 없어졌다. 한 지붕 아래에서 함께 살던 10명의 식구가 일주일간 사용해야 하는 물이라서 최대한 조심해서 운전했지만, 광야의 울퉁불퉁한 길은 언제나 우리의 물을 훔치는 도둑이었다. 그렇게 빼앗길 걸 뻔히 알면서도, 통에 물을 담을 때는 최대한 가득 담았다. 돌아와서는 물통에 반쯤 남은 물로 일주일을 생존해야 했기 때문에, 물은는 금처럼 귀했다. 물을 사용하는 규칙도 까다로웠다. 머리를 감을 때는 물컵으로 서너 컵만 쓰고, 세수할 때는 한 컵으로 고양이 세수를 했다. 설거지할 때는 조금 큰 그릇에 3분의 1 정도의 물을 담아 비누칠을 한 다음, 겨우 두 번 헹구는 정도라야 했다. 고은이는 일주일에 두 번, 물을 반쯤 받은 '양동이 목욕탕'에서 광야의 먼지를 씻어냈다. 그 물은 마당의 텃밭에 부었다.

우기에는 와디(wadi)라 불리는 간헐적 호우 때문에 강(seasonal river)이 생긴다. 그러면 길이 막혀 물을 길으러 갈 수 없었다. 그런 우기엔 대신 빗물을 받아 마셨다. 지붕 귀퉁이에 커다란 물탱크를 놓아두고, 양철지붕에서 흘러내린 물을 받았다. 그렇게 얻은 빗물로 목욕하고 세탁하고 식수로도 사용하였다. 빗물을 받아먹는 건 말처럼 편한 일은 아니었다. 어쨌든 우기의 빗물은 우리의 시간과 노동력과 기름값을 절약하게 해주는 하나님의 값진 선물이었다. 하나님께서 주시는 비가 그분의 사랑과 은혜에서 내리는 선물임을 실감했다. 우기에는 맛있는 빗물을 공짜로 즐길 수 있었기 때문에, 우리는 하나님께 이런 감사의 기도를 드렸다.

"주님, 우리에게 일용할 비를 주셔야 갈증을 해소하고, 우리의 몸을 씻고 그릇을 닦고 옷을 세탁할 수 있습니다. 영적으로도 정결할 수 있도록, 날마다 성령의 단비도 내려주세요."

공동생활을 하면서 겪은 또 다른 어려움은 많은 양의 식자재를 구하는 일이었다. 우리가 살던 광야 마을에는 시장이 없었기 때문이다. 우리는 일주일에 한 번, 생필품을 조달하러 케냐의 수도인 나이로비까지 250킬로미터를 다녀와야 했다. 전기가 들어오지 않는 마을이라 냉장고와 가전제품은 당연히 사용할 수 없었다. 그래서 모든 물자를 규모 있게 구입하고 아껴서 사용해야 했다.

음식이 귀한 광야에서 생활하는 선교사들의 식사는 간단했다. 아침에는 버터를 바른 식빵 두 쪽과 차를 마셨다. 점심은 케냐 음식인 우갈리(ugali)나 차파티(chpatis)로 해결했다. 우갈리는 옥수수가루에 뜨거운 물을 넣어 반죽한 것이고, 자파티는 우리나라의 전처럼 밀가루를 반죽하여, 프라이팬에 기름을 많이 둘러 튀기듯 굽는 음식이다. 반찬으로는 양배추김치와 파파야 깍두기를 만들어 먹기도 하였다.

광야 선교사의 일상

이곳에 온 첫날 아침에는 선교본부에 모여든 마사이 어린이들을 만났다. 모두 보마에서 사는 아이들이었다. 아이들은 아침 식사도 하지 못한 채, 외국인 선교사들이 살고 있는 선교본부로 와서 기쁘게 찬양하곤 하였다. 마치 숯처럼 새까맣고 깡마른 다리는 뼈에 검은색 가죽을 씌어 놓은 듯했다. 나는 그 모습을 보며 기쁨에 대해 생각했다.

어떤 사람은 큰 집에서 살면서 좋은 음식을 먹고 비싼 옷을 걸치고 다닐지라도 기쁨을 누리지 못한다. 그런데 어떻게 절대 빈곤의 굶주림과 목마름 가운데에서 생활하는 아이들이 기뻐하며 노래할 수 있을까? 그들이 누리는 기쁨의 근원은 과연 무엇일까?

찬양을 부르는 마사이 어린이들을 보면서, 기쁨의 근원이 물질의 풍요에 있는 것이 아니라 마음의 생각에 달려 있다고 나는 확신하였다. 내가 마사이 마을에 와서 함께 살지 않았다면 할 수 없는 생각이었다.

첫날 오전에는 탄자니아의 국경 도시인 나망가(Namanga)에 가서 우리 가족이 먹을 쌀을 샀다. 그곳에는 북한 군사 고문단이 시작한 벼농사 덕분에 한국식 쌀을 파는 시장이 있었다. 나망가의 시장은 외국인을 상대로 한 푼이라도 벌어들이려는 장사치들의 외침, 술에 취해 주정하는 사람, 정신병자들, 휘파람을 불면서 우리 주의를 끌어보려는 원주민들로 바글거렸다. 이후로도 나망가를 정기적으로 방문했는데, 쌀 구입을 명분 삼아 이웃 나라인 탄자니아를 수시로 다녀온 셈이었다. 나는 선교사가 되어 아프리카에 가기까지 33년간 대륙과 이어진 반도이지만 섬처럼 바뀐 분단국가에서 성장했기에, 이처럼 쉽게 국경을 넘어 이웃나라를 방문한다는 것이 실감나지 않았다.

오후에는 약품과 물병 몇 개를 가지고 비포장 길을 10킬로미터나 달려 엔카로니(Enkaroni) 초등학교를 방문하였다. 이 학교의 이름 역시 '물이 적다'라는 뜻이다. 나는 이 학교에서 마사이 학생들에게 구충제를 나누어주고 복음을 전하였다. 한 어린이를 안아 보기도 하였다. 그 아이는 처음 본 황색의 외국인이 두려워서 그랬는

보석 같은 아기를 안아보다
아프리카 아이들은 피부색이 다른 선교사에게 안길 때 놀라서 울기도 했다. 사진은 2004년 에티오피아의 소수 부족 중 하나인 상켈라 부족의 아기를 안고 있는 모습이다.

지 안기자마자 울기 시작하였다. 얼굴색이 다른 나를 두려워하는 마사이 아이를 보면서, 넘어야 할 장벽이 언어뿐이 아님을 경험하였다.

초등학교를 방문한 다음엔 근처의 댐을 방문하였다. 우기에 내린 비로 물의 양이 제법 많았고, 주변은 풀이 자라 푸르게 보였다. 그러나 가까이 가서 보니 물이 너무나 심하게 오염돼 있었다. 오염된 이 물을 가축이 마시고 사람들도 마시고 있었다. 그래서 각종 수인성 질병에 감염된다고 한다. 안타까운 마음이 들었다. 이들을 어떻게 질병으로부터 구할 수 있을까?

저수지 근처에 흩어져 있는 각종 짐승의 뼈들은 약육강식의 동물 세계의 단면을 보여주는 듯했다. 이사야서 11장 6절의 말씀대로 이리가 어린 양과 함께 살며, 표범이 어린 염소와 함께 누우며, 송아지와 어린 사자와 살진 짐승이 함께 있어 어린아이에게 끌리는 세상, '강한 놈과 약한 놈이 없는 주님의 왕국은 언제나 오려나' 하는 생각을 했다.

02 두려움을 떨치고 적응하기

유목민의 3대 전통

마사이는 동부 아프리카 인도양 해안에서 빅토리아 호수까지 펼쳐진 케냐 중부와 탄자니아 북부 지대의 넓은 평원인 광야 지대에 살면서 가축을 기르는 유목민(people of cattle)이다. 그들은 항상 긴 날이 있는 창과 짧은 칼을 지니고서 살아가는 광야의 전사이기도 하다. 자부심이 강하고 독특한 문화와 전통을 고수하고 있어서 관광객의 호기심을 자아내기에 충분하다.

마사이가 21세기에도 여전히 현대 문명을 거부하고 소똥 집에 살면서 전통을 유지하는 이유를 좀더 이해하려면, 그들이 가지고 있는 독특한 문화를 이해해야 한다. 그들은 동년배 조직(age-set system), 일부다처(polygamy) 결혼제도, 모란(moran) 군사제도를 통해 보수적인 전통을 이어가고 있다.

첫째, 동년배(同年輩)라는 말은 문화인류학에서 사회적 카테고리를 논할 때 사용하는 용어이다. 이는 협력적 사회 그룹으로 설명할 수 있고, 오랜 기간의 긴밀한 연합을 기초로 하는 공동체적 정체성을 전제한다. 마사이 부족은 할례(circumcision) 행사를 통해 동년배 조직을 형성한다. 동년배는 평생 자신이 가진 모든 것을 서로 공유하는 공동체로서 살아간다.

둘째, 일부다처(一夫多妻) 제도는 가축을 기르기 위해 필요한 노동력을 많이 충당하기 위해 세워진 것이다. 복수(複數)의 아내들의 다산(多産)을 통해 노동력을 확보하는 것이다.

셋째, 모란은 마사이에게 최고 가치인 가축을 지키기 위해 만들어진 군사제도이다. 마사이는 12세 또는 13세가 되면 할례를 받는데, 할례 후에는 집을 떠나 집단생활을 하면서 마을을 지키는 모란 시절을 보낸다. 짧게는 수년에서 길게는 10년 이상 복무하는데, 따로 월급은 없다. 마을의 방위군으로서 의무적인 전사 생활을 하는 것이다. 모란이 되면 붉은 실로 머리카락을 따고 홍포(紅袍)를 입는다. 광활한 광야에서 눈에 잘 띄기 위함인 것 같다. 모란은 늘 지니고 다니는 창과 칼로 짐승을 사냥해서 먹이를 구하고, 외부의 침입자로부터 자신의 마을을 지키는 일을 한다.

마사이의 독특한 조직과 제도는 그들의 영적 가치관에 입각해 세워진 것들이다. 의례적이고 상징적이며, 상호의존적이고 복잡한 패턴의 의식을 포함하고 있다. 아버지와 아들, 남편과 아내, 동년배 사이에 존재하는 상호의존적인 관계 패턴이기도 하다. 이것이 그들의 전통을 이어가는 중요한 제도가 되었다.

마사이는 열대 사바나 기후를 가진 광야에서 가축을 기르며 생활하기 때문에, 무엇보다 물이 희박하고 조석으로 일교차가 큰 고통을 견뎌야 한다. 그래서 거칠고 강하며 호전적인 성품을 지니게 되었다. 특히 광야에서 살아남기 위해서는 연대하여 공동체를 이루는 것이 중요하다. 따라서 이들이 생존을 위한 대소사를 결정할 때는 의견을 모아 연합하기 위해 만장일치 방식을 채택한다.

엥가이 신화

마사이는 에무타이(emutai)라는 재앙의 시기에 신과 인간의 중재자인 레이본(laibon)을 통해 엥가이(engai) 신에게 제사를 드린다. 에무타이란 가뭄과 기근으로 가축들이 죽는 시기이다. 그래서 신에게 제사하여 비를 부르고 땅을 치유하는 제사장 레이본이 비와 복(rain & blessing)과 천둥과 벌(thunder & punishment)을 주관하는 엥가이 신에게 제사하는 것이다. 그들에게 엥가이는 우주를 다스리는 영적인 힘을 소유한 신이다.

마사이 구전 신화에 의하면, 어느 날 엥가이는 마사이 최초의 사람인 마신타(maasinta)에게 복을 주기로 약속하고, 그가 사는 마을에 큰 울타리를 만들라고 명령했다. 마신타는 엥가이 신의 명령대로 큰 울타리를 만들었다. 엥가이 신은 하늘에서 긴 가죽 띠를 통해 마신타가 만든 울타리 안으로 끊임없이 가축을 내려 보내주었다. 엥가이 신은 이러한 신성한 예식이 진행되는 동안, 어떤 일이 일어나도 절대로 비명을 질러선 안 된다는 조건을 마신타에게 달았다.

하늘에서 가축이 내려오는 동안 지진이 일어나 땅이 흔들리고 천둥과 번개가 쳤다. 마신타는 두려웠지만 비명을 지르지 않았다. 그러나, 그의 이웃인 도로보(dorobo)가 이런 조건을 모르고서 마신타를 방문하였다가, 천둥 번개가 치자 비명을 질렀다. 그래서 가축이 하늘에서 내려오는 신성한 축복 예식이 멈추었다.

마사이 부족은 엥가이가 그들을 위해 내려준 가축을 복으로 여기기 때문에 잘 관리하고 번식시킴으로써 복을 유지할 수 있다고 생각한다. 그래서 마사이 부족의 삶은 항상 가축 중심일 수밖에 없다. 그들의 삶과 교육의 주제는 모두 가축과 관련되어 있다.

'어떻게 가축을 번식시킬 수 있는가?'

'어떻게 가축을 외부 침입자로부터 지킬 것인가?'

'어떻게 가축이 병이 들지 않게 예방하고 치료할 것인가?'

이러한 가축 중심의 문화로 인해 교육제도, 군사제도, 일부다처제도, 가옥 구조, 가축이 상해를 입었을 때 4배로 보상하는 제도 등이 생겨났다. 신화에 근거한 그들의 전통 문화는 쉽게 변화되지 않을 것이다.

사건 중심 문화

한국에서 온 의료선교팀과 함께 마사이의 오지 마을을 방문해 환자들을 치료하면서 모란들과 친해지는 일이 종종 있었다. 어느 날 선교팀이 의료사역을 하면서 복음을 전하고, 다음날 오전 아홉 시에 그들을 다시 만나 하나님의 말씀을 공부하기로 약속했다. 그래서 다음날 아침에 서둘러 약속 장소에 갔는데, 모란이 1명도 보이지 않았다. 십 분, 이십 분, 한 시간, 무려 두 시간이 지나도 오지 않아 포기하려 했는데, 세 시간이 지난 정오 열두 시경에야 그들이 나타났다. 그들은 우리를 보고서, 아무 일도 없었다는 듯이 "반갑다"며 천연덕스레 인사하였다.

우리는 오후에 또 다른 장소로 이동해서 의료사역을 해야 했기 때문에, 다음날 아침 9시에 다시 만나자고 약속했다. 다음날 9시에 약속 장소에 가보니 결과는 어제와 마찬가지였다. 모란들은 그날도 12시쯤에 나타났다. 우리가 그들에게 약속 시간을 지키지 않는 것을 따져 묻자, 그들은 "우리가 지금 이곳에 와 있는데 왜 화를 내느냐"며 의아하다는 반응이었다.

시간의 규제를 받지 않고 생활하는 모란에게 시간을 지키는 일은 중요하지 않고 의미도 없다. 그들은 시간 중심의 문화(time centered culture)가 아니라 사건 중심의 문화(event centered culture) 속에서 생활하기 때문이다. 우리는 그들에게 시간관념이 없다고 불평하지만, 그들은 시계도 없고 시간에 매여 살지 않는다. 선교사들이 이런 문화적 차이를 극복하기 위해서는 다른 문화의 상대성을 인정해야 한다.

대가족 집성촌 보마

마사이 사람들이 사는 곳을 '보마'(boma)라고 부른다. 멀리서 보면 여러 채의 작은 집이 모여 있는 아담한 시골 마을 같다. 우리나라 시골에서 가족과 친지가 모여 사는 집성촌과 비슷해 보이는데, 사실은 한 개의 보마가 일부다처제에 따른 한 가족의 집이나 다름없다. 이곳에서 혈연 중심의 씨족 단위로 모여 살며, 1명의 남편이 3-4명의 아내와 집단생활을 한다. 따라서 하나의 보마에는 여러 채의 집이 있다.

집은 소똥으로 만든 것인데, 각각의 아내들이 가축우리를 중심으로 자기가 사는 집을 짓는다. 광야의 가시나무를 꺾어서 틀을 만들고, 소똥과 진흙을 짓이겨 그 틀 위에 붙인다. 소똥과 진흙을 여러 차례 덧씌워야 해서, 집 짓기는 여인들에게 중노동이다.

보마 주변에는 가시나무 울타리가 둘려 있다. 그들이 거주하는 광야에는 사자, 표범, 하이에나 같은 야생 동물이 많기 때문이다. 그래서 가축의 우리가 보마 한 가운데에 있다. 사람이 사는 집들이 우리를 지키는 것처럼 둘러싸는 것이다. 마사이 부족의 유일한 소득원이며 생계 수단이 가축이기 때문이다.

집의 입구는 달팽이집 같다. 집안은 창문이 없어서 늘 깜깜하다. 그 안에 들어가 한참이 지나 동공이 확장되면, 야구공만한 구멍으로 가느다란 빛이 들어오는 것을 볼 수 있다. 집 안에는 소가죽이 여러 장 놓여 있는데, 소가죽 하나가 각각 방 한 개의 개념이다. 중앙에는 돌 2개가 놓여 있는데, 그것이 부엌이다. 24시간 불씨를 유지해야 하므로 집안은 연기로 가득하다. 이것이 안질(眼疾)을 유발하는 원인이다. 밤에는 희미한 호롱불을 켜고 생활한다.

어둡고 답답하기 짝이 없는 소똥 집이지만, 이들에게는 둘도 없는 보금자리다. 이런 집에서 아이를 낳아 키우고 생활하는 이들에게 가장 중요한 것은 종교도 교육도 아니고 가축이라는 걸 나는 알게 되었다. 나는 그들이 사는 보마를 방문하여, 사람에게 가장 중요한 천국 복음을 전했다.

“이 세상에서의 삶은 한 번이고 짧습니다. 우리 몸은 죽은 후에 흙으로 돌아가고, 우리의 영은 영생합니다. 예수를 믿으면 영원한 생명을 얻고 천국에서 살게 되지만, 예수를 믿지 않으면 지옥에 들어가 우리의 영이 영원한 고통을 당하게 됩니다. 영원한 하나님의 나라에 대한 소망이 없이, 소똥 집에서 평생을 지내다 죽는 것은 너무나 슬프고 비참한 일입니다. 그러므로 예수 믿고 하나님의 나라의 백성으로 이 세상에서 살다가 죽은 후에 천국에 들어가 영생하십시오!”

보마에서 하룻밤

아무리 선교사라 해도 선교 현장의 원주민과 친구가 되고 동화(同化)되는 것은 쉬운 일이 아니다. 나는 원주민과 같아지기 위해 그들의 소똥 집에서 함께 잠을 자기로 결심했다. 친구가 된 어느 마사이의 집에서 하룻밤을 묵기로 했다. 늦은 밤에 목동들을 위한 야학을 마치고 그 집을 방문했는데, 깜깜한 집안에 들어가니 토굴 같았다. 가지고 간 손전등은 배터리가 다 되어서 빛이 희미했다. 한 치 앞을 겨우 비출 뿐이었다. 빨리 잠자리에 드는 것이 상책이라 생각하고, 그 집을 축복하는 기도를 드린 후 자리에 누웠다. 그런데 문제가 생겼다. 소똥 집의 터줏대감들인 벼룩과 이(lice) 등이 외부의 침입자, 그것도 동아시아의 끝에서 온 침입자를 쫓아내야 한다고 전략회의라도 한 것처럼 나를 집중적으로 공격했다. 아주 작은 터줏대감들의 공격은 밤새도록 끈질기게 계속되었다.

벼룩과 이가 주는 고통을 견디고서, 피곤한 몸을 가누며 간신히 잠에 들었는데, 조금 후에는 덩치 큰 터줏대감이 나를 쫓아내려고 하였다. 염소였다. 마사이 원주민들은 맹수의 위협에서 가축을 보호하기 위해 집과 집 사이의 보마 중앙에 가축우리를 만드는데, 이날은 공교롭게도 염소가 새끼를 낳아서 염소 가족이 나보다 먼저 그 집 안에 자리잡고 있던 것이다. 이 염소가 다른 '종족'에 대해 거부 반응을 일으켰는지 계속해서 '음메' 하며 울어대는 것이었다. 이런 상황이라면 누가 잠을 잘 수 있겠는가? 원주민과 하나 되는 건 고사하고, 이들의 문화를 이해하고 친구가 된다는 것부터 쉽지 않다는 걸 실감하며 뜬눈으로 밤을 지샜다. 하지만 다음 날 새벽엔 짜증을 내기보다 찬양하며 그 집을 나올 수 있었다. 전날의 힘든 노동과 불면으로 피곤했는데, 이게 무슨 까닭일까 싶었다.

'지극히 높은 보좌에 계신 창조주 예수께서 피조물이 되어 이 땅에 오셔서 나와 똑같은 인간으로 동화되셨다'라는 사실은 내가 선교사로 일하면서 죽는 날까지 기억해야 하는 것이다. 비록 힘들었고 하룻밤에 불과했지만, 내가 소똥 집에서 지내고 나니 성육신하신 예수님을 흉내라도 낸 듯하여 나름 뿌듯한 마음이 들었던 것 같다. 나는 선교사로 일하면서 죽는 날까지, 사람과 같아지려는 예수 그리스도의 '역동적 등가'(dynamic equivalence) 정신을 본받아야 한다.

쌍둥이가 저주인 이유

어느 날 내가 살던 렐레 마을에 경사가 났다. 이웃집에 사는 랭구(Langu)의 결혼식이 있는 날이었다. 마사이 사람들은 혼인잔치를 위해 소를 잡고 고기와 밀주를 마시며, 며칠이나 축제를 열었다. 신나는 노래를 부르며 몸을 곧추세우고 하늘을 향해 자기 몸을 로켓처럼 '쏘아 올리는' 독특한 춤을 추며 기뻐했다.

마을에서 유일했던 우리의 트럭은 그날도 유용하게 쓰였다. 평소엔 급한 환자를 위한 구급차로, 때로는 무거운 짐을 운반하기 위한 화물차로서 마을의 공용처럼 사용되곤 했다. 결혼식이 열리면 하객을 싣고 가는 버스처럼 쓰이기도 했는데, 그날은 결혼하는 랭구의 어린 아내를 모시러 가는 '웨딩카'로 사용되었다. 나는 광야에 널려 있는 가시나무를 요리조리 피해서 차를 몰아 신부가 사는 이웃 마을에 도착하였다.

나는 화려한 면사포를 입고 방긋 웃으며 신랑을 맞이하는 신부를 기대했는데, 내 눈에 그런 신부는 보이지 않았다. 한쪽 구석에서 슬피 울고 있는 어린 소녀가 보일 뿐이었다. 나이 열다섯 살의 신부였다. 놀랍게도 갓난아기를 등에 업고 있어서, 누가 봐도 신부라는 생각을 전혀 할 수 없었다. 처음엔 누나가 늦둥이 동생을 업은 줄 알았다.

신부가 업고 있던 아기는 언니가 낳은 아기였다. 언니가 쌍둥이를 낳았는데, 마사이 부족은 쌍둥이를 낳으면 저주로 여기고 둘 중 한 아기를 광야에 버리거나 가족에게 주어야 한다. 마사이 부족은 동질 문화(homogeneity)를 중요하게 생각하기 때문에 '다른 것은 악한 것'이라고 인식한다. 그래서 평범하지 않은 쌍둥이를 신의 저주로 간주하는 것이다. 언니의 쌍둥이 중 하나를 그 어린 신부가 시집가면서 데리고 가기로 한 것은 그런 문화 때문이었다.

어린 신부는 집을 떠나 시집가는 것이 무서워서 울었고, 졸지에 엄마가 되어 아이를 양육하게 된 것도 두려웠을 것이다. 그러니 앞날이 깜깜해서 울고, 정든 부모와 친구를 떠나야 하는 슬픔에 잠겨

하염없이 운 것이었다. 게다가 쌍둥이를 낳은 엄마, 신부의 언니는 시집가는 동생에게 밤새 '요놈 줄까, 조놈 줄까?' 생각하며 얼마나 울었을까?

이와 반대로, 랭구와 그의 가족은 새 식구가 생길 뿐 아니라 디팡고(Dipango)라는 갓난아기까지 얻는 바람에, 결혼하자마자 '노력'도 하지 않고 공짜 인력이 더 생겼다고 기뻐하였다.

나는 두려움에 떨며 슬피 우는 어린 소녀가 마음에 걸렸다. 그러나 그 어린 신부는 시간이 지나면서 두려움을 떨쳐버리고 랭구의 가족이 되어 새로운 환경과 문화에 적응해갔다. 그 신부를 보면서, 선교사로서 마사이 렐레 마을에 정착하여 함께 생활하는 나도 미지에 세계에 대한 두려움을 떨쳐버리고, 그들의 문화에 하루 빨리 동화되어 '예수 안의 완전한 기쁨의 삶'을 증거하며 살아야겠다고 다짐하였다.

03 광야에 심는 희망꽃

새내기 부부의 광야 생활

아프리카 광야의 해님은 저녁 6시가 되면 서산의 잠자리로 들어가 버리는 잠꾸러기다. 해님이 사라진 후, 세상은 먹을 칠한 듯한 암흑으로 순식간에 변해버린다. 내 고향 한국에서 흔히 볼 수 있던 가로등과 네온사인은 이곳 사람들이 상상할 수 없는 빛이다. 여기에서 밤에는 등잔불 없이 글을 읽을 수 없고 쓸 수도 없다.

'아, 하나님께서 주신 전깃불이 그토록 귀한 것임을 왜 진작 깨닫지 못했던고?'

우리가 아프리카에 선교사로 갈 당시에, 아내 홍영신 선교사는 이미 둘째를 임신하고 있었다. 아내는 스물네 살에 시집와 삼양동 산동네에서 몇 년을 살면서, 생전 경험해보지 못한 가난을 경험했다. 그리고 고작 스물일곱 나이에 아프리카 선교사로 부름받고서 나와 함께 선교사로 나왔다. 나는 고등학교 2학년 때 선교사로 헌신했고, 아내는 초등학교 4학년 때부터 일찌감치 선교사가 되기로 헌신했기에, 비록 임신 7개월인 상황이었지만 아프리카 선교사로 나갈 수 있었다.

우리는 둘째 아기를 아프리카 땅에서 낳기 원했다. 주변 사람들은 아프리카의 의료 환경이 좋지 않으니 둘째까지 한국에서 낳고 가라고 우리를 말렸다. 후원하는 교회마저 생활비와 모든 경비를 보조할 테니 한국에서 아이를 낳고 백일은 지난 다음에 가라고 권유하였다. 그러나 선교사로 헌신한 우리는 아프리카 사람들과 같은 환경에서 아이를 낳는 것이 옳다고 생각하였다. 게다가 오랜 기간 기도로 준비해온 파송을 미룰 수 없었다.

아이를 가진 임산부에게 가장 귀찮은 일 중의 하나가 소변을 자주 보는 것이다. 우리가 첫 둥지를 튼 광야 마을의 양철지붕 집 안에는 화장실이 없었다. 집에서 50미터 정도 떨어진 외진 귀퉁이에 화장실이 있었는데, 나는 매일 밤 아내가 화장실로 가는 길을 밝히기 위해 머슴처럼 호롱불을 켜 들고서 '마님'을 모시게 되었다. 지금 생각하면 웃음이 나오는 장면이지만, 그런대로 낭만을 느낄 수 있었다. 화장실로 가는 길에, 그리고 아내가 일을 마치고 나오는 동안에는 눈을 들어 금방이라도 은하수로부터 쏟아 내릴 것 같은 수많은 밤별들을 바라보았다. 귀로는 아프리카 광야에서 들리는 야생 짐승들의 합창을 들었다. 아프리카 선교사로 와 있는 것을 새삼 실감하는 순간이었다.

내 마음의 검정 때

광야 생활을 하는 마사이 마을에서는 저녁 식사한 그릇을 다음 날 아침에 설거지한다. 저녁이 되면 칠흙같은 어둠이 곧바로 시작되기 때문이다. 우리는 주로 장작불을 피워서 음식을 요리했기 때문에 솥에는 항상 검정 때가 들러붙어 있었다. 그래서 아침에 설거지할 때 솥에 들러붙은 때를 벗겨 내느라 피같이 귀한 물과 시간을 많이 소비하기도 했다. 수세미도 없어서, 마른 풀잎을 뭉쳐 닦아야 해서 잘 닦이지도 않았다.

나는 검정 때를 닦으려고 힘을 쓰면서, 내 마음에 들러붙어 있는 때를 생각해보았다. 미래에 대한 계획 때문에 생기는 염려, 그리고 현재를 살면서 '나 중심'의 생활을 하려는 내 마음의 검정 때를 발견할 수 있었다.

내가 그리스도를 위해 나의 생명인 시간을 몽땅 드렸다고 하면서도, 내 시간과 생명이 마치 나의 소유인 것처럼 착각하고 살았던 때가 얼마나 많았던가? 이러한 검정 때를 벗겨 버리고, 새로운 각오로 민첩한 선교사가 되어 열심히 복음 전파 사역에 정진해야 하겠다고 다짐하였다. 내 안에 있는 검정 때를 생각나게 하시고, 깨끗이 지워가시는 주님의 사랑을 느낄 수 있어서 감사했다.

하루는 첫째 딸 고은이가 밤새 기침을 계속하였다. 석유로 불을 밝히는 호롱불에서 나오는 연기 탓 같았다. 그래서 우리 부부는 고은이의 호흡기를 보호하기 위해 촛불을 사용하기로 하였다. 나는 집게손가락만한 초에 불을 켜고 불어를 공부했는데, 그만 1분도 채 안 되어 촛불이 꺼져버렸다. 비싼 건전지로 작동되는 귀한 손전등을 켜서 초를 수선한 다음, 계속해서 불어 성경으로 시편을 읽어 내려갔다. 아내가 대학에서 불어를 전공했기 때문에 나에게 불어를 읽어줄 수 있다. 성경을 읽는 동안 점점 작아지는 촛불을 힐긋힐긋 쳐다보며, 그날은 간신히 시편 1편을 다 읽을 수 있었다. 전기 없이 불편한 생활 속에서도 성경을 읽을 수 있는 복된 가족을 주신 하나님께 감사드렸다.

광야를 울리는 기도 소리

1992년에서 1994년까지 렐레 마을에서 살 때, 우리 가족은 교회 예배당 뒤에 붙은 쪽방에서 살았다. 방이 두 개 있었는데, 한 개는 네 식구가 함께 자는 방이고, 다른 한 개는 거실 겸 부엌 겸 첫째 고은과 둘째 다은이의 목욕탕으로 사용하는 복합 공간이었다. 그 집은 천장이 없는 교회와 벽 하나 사이로 붙어 있기 때문에, 교회에서 행사가 있으면 모든 소리가 방 안까지 전달되었다.

나는 선교본부에서 함께 사는 제레미아 전도사와 렐레초등학교 건축을 위해 나이로비에서 온 건축 기술자 솔로몬을 데리고 새벽기도를 하기로 했다. 그런데 문제는 솔로몬이 새벽 3시부터 교회에 와서 큰 소리로 기도를 시작하는 것이었다. 광야에서는 저녁 6시가

렐레 교회
처음엔 진흙으로 지어 창고 같던 렐레의 교회가 오늘날 이렇게 번듯한 모습으로 변화하였다.

되면 천지가 깜깜해진다. 그가 가게 하나 없는 오지에서 할 수 있는 일은 아무것도 없기 때문에, 초저녁에 잠자리에 들었다가 새벽 3시가 되면 일어났던 것이다. 우리보다 새벽기도 시간이 빠를 수밖에 없었다. 새벽에 엄청나게 큰 목소리를 가진 솔로몬이 쩌렁쩌렁 울리는 큰소리로 기도하기 시작하면 우리 방에 그대로 전달되었다. 더 이상 잠을 잘 수 없었다. 선교사인 내가 기도를 말릴 수도 없지 않은가? 나도 일어나서 새벽 3시에 기도를 시작하였다.

"마사이 광야에서 금요 철야기도회를 시작하여 렐레 마을에 영적 부흥을 일으키자"라는 기치를 들고, 1993년 9월부터 밤에는 야생 동물의 울음소리만 들리는 적막한 광야 마을에서 금요 철야기도회를 시작하였다.

첫날에 15명의 어른과 15명의 어린이들이 기도회에 참석하였다. 밤새 기도한 다음, 광야의 칠흙같은 어둠이 걷히고 여명의 빛이 비추기 시작하였다. 그리고 이틀이 지난 주일, 교회에 온 여인들의 눈에 멍이 들어 있었다. 철야기도를 하고 돌아가자, 예수 믿지 않는 남편들이 '아내들이 외박했다'고 매질한 것이었다.

렐레교회 리더들은 주일예배 후에 회의를 열고, 철야기도회를 폐지하고 심야기도회를 열기로 결정하였다. 너무 늦지 않은 시간에 기도회를 마치고, 교인들을 보마 근처까지 자동차로 데려다주기로 하였다. 그래서 금요기도회를 마친 후 내가 심야 운전을 하는데, 하루는 길에서 우뚝 선 기린을 만났다. 가슴이 철렁했다. 몸무게가 몇 톤이나 되는 기린이 만일 차를 들이받기라도 한다면 대형사고가 나기 때문이다.

심야 운전을 마치고 돌아와서 잠을 청하는데, 이번엔 천장 위에서 박쥐들이 요란스러운 소리를 내면서 수면을 방해했다. 우리집의 천장에서 사는 박쥐는 악취와 소음을 낸다. 우리 삶을 방해하는 마귀이다. 작은 틈만 있어도 천장으로 기어 들어가는 박쥐는 조그만 틈만 생겨도 우리 마음에 들어와 우리를 괴롭히는 마귀 같다는 생각을 했다.

가슴 떨리는 영어 설교

아프리카 선교사로 온 지 2년 만인 1993년 9월, 렐레교회의 주일예배 설교를 하기로 작정했다. 미국에서 단기 봉사자로 온 교포 2세 박형욱 형제가 돌아가기 전에 영어로 설교하고 평가받고 싶었다.

다른 나라 말로 설교한다는 것은 어려운 일이다. 일주일 동안 열심히 준비하여 주일설교를 하고 평가를 받았다. 박 형제는 "목사님이 영어로 말한 것 같긴 한데, 무슨 말인지 잘 이해할 수 없었다"라는 박한 평가를 하였다. '좀 더 긍정적으로 평가해주면 안 되나?' 하는 생각이 들어 섭섭했다. 나는 34년을 한국 말을 하던 사람이고, 그는 미국에서 성장하여 영어가 모국어이다. 그런데 어떻게 그리 야박한 평가를 할 수 있는가? 그러나 그의 솔직한 평가를 듣고서 더욱 분발해야 한다는 생각이 들었다. 다음 주일에 또 설교하겠다고 자원하였다. 그런데 이번에는 일주일이 왜 이렇게 빨리 지나가는가? 쏘인 화살처럼 빠른 세월을 실감하였다.

다음 주일 아침이 되어 교회에 갔는데, 그날은 케냐의 대통령 선거 유세차 고향을 방문한 일본 대사 부인 제미니 레켄(Lecken)이 우리 교회에 예배드리러 왔다. 그녀는 렐레 출신의 마사이로서 엘리트이다. 나는 갑자기 등에서 식은땀이 흐르는 걸 느꼈다. 그래도 최선을 다해 말씀을 전했다.

나는 동역하는 제레미아에게 다음 주일에도 또 설교하겠다고 하였다. 이번에는 옆 마을에서 목회하는 제임스 목사가 예배에 참석하겠다는 소식을 들었다. 다른 교단 목사까지 예배에 참석하게 된 것이다. 이번에는 더 최선을 다해 설교 준비를 하였다.

타문화권에서 사역하는 선교사가 복음을 전하고 하나님의 말씀을 가르치기 위해서는 높은 언어의 장벽을 반드시 넘어야 한다. 예수께서도 이 땅에 오셔서 세상 언어를 배우시고, 그 언어로 하나님의 나라의 메시지를 전하셨다. 우리도 예수의 모본을 따라서 하나님의 나라의 복음을 전해야 한다. 하나님의 말씀을 전하지 않는 선교사역은 열매 없는 무화과나무와 같다.

원수가 아니라 복덩이다

우리는 아프리카에 간 초기엔 친척도 친구도 없는 원시공동체에서 생활하면서 외로웠다. 주변에는 항상 낯선 흑인 형제와 자매들만 있었다. 간혹 원주민들이 호기심 어린 눈으로 우리를 보았지만, 아직 우리들의 친구는 아니었다.

언어도 문화도 다른 고도(孤島)에서 선교를 시작한 우리에게 사랑의 하나님께서는 많은 복을 주셨다. 그 중에 가장 큰 복은 하나님께서 창조하신 자연(自然)이었다. 힘이 넘치는 이랜드, 강한 혀로 가시나무 잎사귀를 먹고 사는 눈이 선한 기린, 공동생활을 하면서도 한 번도 서로 싸우지 않는 얼룩말, 달리기 세계 신기록 보유자인 타조, 하나님의 악단인 각종 아름다운 새들, 지혜로운 개미들, 자식들을 사랑으로 돌보는 원숭이들, 이런 만물이 우리에게 주신 복이라는 생각을 할 때마다, 나에게는 흥분과 감사가 있었다.

그렇지만 이웃에 사는 디니엘 고레스라는 마사이는 복으로 생각할 수 없었다. 고레스는 스무 살이 갓 넘은 청년이었는데, 술을 마시면 항상 나를 찾아와 "너의 나라 한국으로 돌아가라"고 외치며 행패를 부리곤 했다.

물과 전쟁을 치르는 삶, 전기 없는 불편한 삶, 통신이 두절된 삶, 음식과 모든 물자가 귀한 광야 마을에서의 삶을 대단한 희생인 것처럼 착각하고, 자신을 스스로 모범적(?)인 선교사로 인정하며 살던 나에게 고레스가 떠나라고 강요하였으니, 내가 그를 얼마나 미워했겠는가?

광야의 삶과 마사이 원주민을 복으로 여기고 살겠다고 다짐한 본연의 임무는 잊어버리고, '원수덩어리' 고레스에 대한 분노 때문에 그와 여러 번 충돌하기도 하였다. 이토록 어리석은 나에게 하나님께서 말씀하셨다. "고레스는 너의 원수가 아니다. 내가 너에게 붙여준 복이다"라고.

처음에는 원수덩어리 고레스만큼은 내게 주어진 복이 아니라고 생각하였다. 하지만 하나님께서는 죄와 허물과 수치로 예수와 원수 되었던 나를 십자가를 통해 완전히 회복시키신 사건을 상기시켜 주셨다. 그리하여 나의 강퍅한 마음을 녹이셨다.

얼마 후 고레스와 화해할 수 있는 기회가 찾아왔다. 그의 결혼식이었다. 나는 귀한 선물을 준비하여 고레스의 결혼을 축하하고 기쁨을 나누었다. 그후 우리 관계는 회복되었다. 고레스는 렐레교회의 기둥 장로가 되어 교회의 모든 일을 도맡게 되었다.

우리가 렐레 마을에 뿌린 복음의 씨앗이 열매를 맺어, 이제는 마을 사람들이 술을 마시지 않는다. 아이들을 교육하지 않는 사람도 없다. 렐레의 아이들은 모두 학교를 다닌다. 하나님의 은혜가 크고 성령의 역사가 놀랍다. 하나님께서는 우리가 세상 만물을 통해, 특별히 사람을 통해 복을 누리도록 하신다는 것을 깨달았다.

우리는 하나님께서 주신 최대의 복인 사람을 원수로 생각하면서 살 때가 많다. 그것도 매일 만나고 한솥밥을 먹는 사람들과 원수로 지낸다. 사람과 사람이 원수 되게 하는 것은 마귀다. 하지만 세상 만물은 복이다. 특히 사람이 복이다. 만물을 복으로 생각하고 돌보고 가꾸며, 사람을 복으로 생각하여 화목하게 하는 흥분된 일이 나의 삶 가운데 지속적으로 일어나도록 각오를 새롭게 하였다. 그것이 곧 선교하는 일이기 때문이다.

폴레폴레 문화

마사이 부족은 '천천히'라는 뜻의 폴레폴레(pole pole, 스와힐리어로 '천천히'라는 뜻)라는 말을 자주 사용한다. 우리가 '빨리빨리'라는 말을 자주 하는 것과 비슷하다.

그들은 급한 것 없이 사는 사람들이다. 아무리 급한 일이 생겨도 빨리 움직이지 않는다. 땅을 팔 때도 삽자루를 잡고 동료들과 한담이나 하는 것을 보면, 이들이 일하는 건지 노는 건지 구분하기 힘들다.

하루는 큰 비가 내려 우리집 뒤에 있는 큰 산에서 빗물이 폭포수처럼 쏟아 내렸다. 선교부 건물에는 홍수가 났다. 우리가 살던 광야에서는 강수량이 매우 적어 좀처럼 일어나지 않는 일이었다. 그 일로 우리 방과 가재도구들이 물에 잠겼다. 집안의 물을 퍼내기 위해 부근에서 살고 있는 이웃에게 급히 도움을 요청했다. 그들은 다급한 나의 요청에도 불구하고 '폴레폴레' 이동하였다. '빨리빨리' 문화에 길들여진 한국인의 사고로는 울화통이 터지는 일이지만 어쩌겠는가? '선교사인 내가 그들의 폴레폴레 문화에 맞추어 살아야지' 하면서 스스로를 위로했다.

마사이 부족의 주일예배는 3시간 30분 동안 길게 진행된다. 오전 11시, 정해진 예배 시간이 되었으나 성도들은 아직 다 오지 않았다. 현지인 목사도 밖에서 사람들과 한담이나 하고 있다. 도무지 예배를 시작할 기미가 보이지 않았다. 그래 놓고 예배가 시작한 다음에는 찬양을 1시간 했고, 간증과 광고도 한 시간이나 하였다. 설교 시간이 되자 설교를 준비하지 않은 설교자가 신구약을 오가며 한 시간 20분 동안 설교하였다. 내가 보기에, 설교 준비가 안 되어 횡설수설하는 것 같았다.

마사이 목회자들은 대부분 주중 6일간 세상에서 돈 버는 일을 하기 때문에 제자훈련이나 심방은 하지 않는다. 이런 상황이니 교회의 영적 부흥을 기대하기 어렵다. 마사이 교인들은 긴 예배 시간 중에 자유롭게 밖으로 나가서 화장실도 다녀오고 휴식도 취한다. 그런 다음 다시 들어와 예배에 참석한다. '이런 상황에서 과연 교인들이 성숙할 수 있을까? 교회 부흥을 위해서 선교사인 나는 무엇을 해야 하는가?' 생각이 복잡해졌다.

목동을 위한 야학

아프리카의 끝없는 초원에 작렬하던 태양이 서산으로 질 무렵이면, 키가 10미터가 넘는 키다리 기린도, 엄청나게 빠른 속도로 날갯짓하며 뛰는 타조도, 스프링처럼 통통 튀면서 재롱부리는 어린 사슴도, 흰색과 검은색 줄을 번갈아 몸에 그은 얼룩말도, 종일 광야에서 풀을 뜯던 소와 당나귀도, 염소와 양들도, 모두 자신들이 쉴 곳을 찾아 어디론가 사라진다. 그때가 되면, 올망졸망한 마사이 아이들이 텅 빈 아프리카 광야의 어둠을 뚫고 교회로 모여들었다. 선교회에서 운영하는 야학에 오는 것이다. 이 아이들은 소와 양과 염소를 돌보는 목동들이기도 하다. 하루 종일 가축에게 꼴을 먹이던 아이들이 피곤한 몸을 이끌고 오는 것이지만, 그들의 얼굴은 눈이 부시도록 '검은 윤기'가 난다. 왕방울만한 눈은 세속에 물들지 않아 선함이라는 단어를 쏟아낸다. 검은 피부에 대조되

목동들을 위한 야학
1991년 어느 날 저녁, 호롱불 2개를 켜놓고 목동 아이들과 야학을 하고 있는 모습.

어 더 하얗게 보이는 아이들의 이빨은 하얀 보석 같다.

어두워서 불을 밝힌 호롱불 두 개는 교회 한쪽 벽에 녹색 페인트를 칠해서 사용하는 작은 칠판과 백묵, 투박한 책상과 긴 의자, 아주 간단한 학습 도구들 앞에 옹기종기 모여 앉은 아이들의 모습을 비추었다. 야간 학교에 모인 목동들과 선교사들, 모두의 얼굴에 기쁨이 가득했다.

매일 30명 내외의 학생들이 5개 반으로 나누어 공부하는데, 호롱불 밑에서 공부하는 이들에게도 경쟁의식은 매우 강하다. 선교사이며 교사인 내가 질문하면 거의 모든 학생이 손을 들고 자신이 답하게끔 시켜 달라고 외쳐댔다. 손을 든 아이 중에는 답을 모르면서 다른 아이들을 따라 그냥 손을 든 아이도 있었다. 막상 답을 말해보라고 기회를 주면, 몹시 곤란한 표정으로 한참을 생각하다가 엉뚱한 답을 말해놓고 얼굴을 손으로 가리곤 했다. 그런 아이 때문에 모두 까르르 웃으며 즐거운 학습은 계속되었다.

우리가 운영하는 야학에는 시험도 없고 아이들의 등급도 없었다. 다만 한 번도 배워보지 못한 글을 배우며 문맹을 깨뜨리는 즐거움만 있었다. 이런 야학은 약 1시간 정도 진행됐다. 10분간의 성경 읽기와 찬양, 25분간 스와힐리어를 영어로 옮기는 단어 공부, 그리고 25분간은 산수를 공부했다. 1시간이 너무나 빨리 지나갔다. 시간을 좀더 늘리고 싶었지만, 칠흙같은 어둠을 뚫고 1시간 이상을 걸어서 돌아가야 하는 아이들을 생각해서 더 가르치고 싶은 '가르침의 열정'을 절제하고, 아이들이 사는 보마로 돌려보낼 수밖에 없었다.

우리는 야생 동물의 위험과 밤의 공포를 뚫고 야학에 참석하는 아이들을 통해 마사이 부족이 변형되는 날을 기대하면서, 어둠을 뚫고 빛을 쏘는 '빛의 행진'을 계속하였다.

미래를 바꿀 사람들

아프리카 선교지에서 해결해야 할 가장 중요한 이슈 중에 하나는 의존도(dependency)를 줄이는 것이다. 그들은 '가난의 영'(spirit of poverty)에 사로잡혀서, 외국인들은 부자이고 자신들은 가난하기 때문에, 선교사가 재정을 부담해야 한다는 잘못된 생각을 가지고 있다. 나는 현지인들 안에 있는 가난의 영과 영적 전쟁을 선포했다.

응고일레교회 청소년들이 겨울방학을 맞이하여 수련회를 열기로 결정하였다. 나는 그때 34세의 초년병 선교사였지만, 현지인도 할 수 있는 일은 최선을 다해야 한다고 강조하였다. 그래서 공짜로 재정을 지원하기보다, 자신들이 땀을 흘려 일한 결과로 수련회 경비를 마련하라는 취지에서 교육 차원의 노동을 요구하였다. 그들은 수련회 경비 3천 실링(약 100달러)을 벌기 위해 산에 올라가 하루 종일 땔감으로 사용할 나무를 모아왔다. 점심도 거른 채 노동하고 온 아이들이 대견스러워 보였다. 그들의 값진 노동을 통해 아프리카에 그리스도의 푸른 계절이 올 것이라는 희망을 보았다. 이들이 아프리카 교회의 미래를 바꿀 수 있는 사람들이 될 것이다.

04 소리 없는 칸타타

성탄 맞이 전도여행

1991년 12월 25일, 아프리카 광야에서 처음으로 맞이한 성탄절은 '이색적'이었다. 아니, 사실은 아무 느낌이 없었다. 마사이 원주민들이 예수 그리스도의 탄생일인 성탄절과 전혀 무관한 삶을 살아가고 있었기 때문이다. 마사이 부족은 산타 할아버지의 성탄 선물에 대한 기대도 없고, 크리스마스 캐롤도 들은 적이 없다. 화려한 성탄 장식은 물론 흰 눈도 볼 수 없다. 나만 멀리 보이는 킬리만자로 정상에 있는 눈을 바라보면서 광야의 성탄을 맞이하였다. 한국에서 성탄절을 맞이하면 칸타타 연습을 한다고 교회에 옹기종기 모여, 호빵을 먹으며 들뜬 마음으로 수다를 떨던 소소한 기쁨은 선교지로 나오는 순간에 전부 사라져 버렸다.

나는 모태 신앙인으로 성장하면서 어린 시절에는 성탄절이 되면 기념 연극을 하였고, 청소년 시기에는 새벽송을 돌면서 하나님께 영광 돌리고 사람들에게 기쁨을 선사하였다. 청년기에는 칸타타를 하였다. 심지어 군 복무 시절 하사관 훈련을 받을 때, 상관에게 구타까지 당하면서도 군인 교회의 성탄절 칸타타에 참여해 하나님을 찬양했다. 하지만 아프리카 선교사로 와서 맞이하는 성탄절이 한국에서의 성탄절과 같을 순 없었다. 선교사인 나는 나와 다른 문화권에 사는 사람들과 함께 새로운 성탄 문화를 창조하여 아기 예수님의 탄생을 축하하고, 하나님께 영광 돌리는 삶을 개발해야 한다고 생각했다.

우리는 마사이 마을에서 성탄절을 어떻게 의미있게 보낼까 생각하며 기도하다가, '소리 없는 성탄 칸타타'로 하나님께 영광을 돌리기로 결심했다. 그것은 3주간 성탄 맞이 광야 전도여행을 하는 것이었다. 우리는 그 전도팀의 이름을 마임(MAIM)이라고 정했다. 이것은 Maasai Inland Mission의 약자이며, 히브리어로는 '분수처럼 솟아오르는 샘'이라는 뜻이다. 한국인 선교사 이은용, 렐레 출신 제레미아, 응고일레 출신 조지, 마일티샤 출신 조셉, 에모토로키 출신 모세와 안드레, 올몰렐리아니(Olmolreliani) 출신 제임스 등 7명이 마임전도팀이 됐다. 전도팀은 1993년 12월 9일에서 31일까지 3주간, 카지아도 지방의 응고일레, 엔카로니(Enkaroni), 렐레, 올몰렐리아니, 비실(Bisil), 로루모수아(Lormosua), 올레돌로스(Olredolos) 등 일곱 개의 광야 마을을 다니며 복음을 전하면서 특별한 성탄절을 보냈다.

마사이 부족은 유목민이기 때문에 목초지 확보를 위해 1-2킬로미터 이상 서로 떨어진 공간에 집을 짓고 생활한다. 그래서 전도여행 기간에는 상당한 거리를 걸어 다녀야 했다. 우리는 예수께서 성육신하셔서, 하늘 보좌를 버리고 이 땅에 오셔서 복음을 전한 것처럼, 하루 종일 광야를 걸어다니며 복음을 전했다.

열대 사바나 기후로 뜨거운 광야를 걷는 것은 힘들고 피곤한 일이었다. 저녁이 되면 광야에 텐트를 치고서 수백만 개의 별, 이른바 '밀리언 스타'를 감상하며 낭만적인 밤을 보냈다.

전도여행을 하면서 가장 어려웠던 일은 양식을 구하지 못해 굶주리고 목마름의 고통을 당한 것이 아니었다. 뜨거운 광야를 걷는 일도 아니었다. 배타적인 문화를 가진 마사이 부족들의 복음에 대한 강팍한 태도였다. 마사이 부족에게 그리스도의 복음을 전하는 일은 성령의 역사 없이는 불가능했다. 나는 이렇게 아프리카에서 의미 있는 성탄 맞이를 하였다. 비록 화려한 성탄절 칸타타는 하지 못했지만, 나에게 주어진 환경에서 내가 할 수 있는 방식으로 아기 예수의 탄생을 축하한 것이다.

모래 늪에서 벌인 춤판

마임전도팀은 이듬해인 1994년 4월의 부활절에도 광야 오지 마을에 복음을 전하러 갔다. 가는 길에, 하필 자동차가 마른 강의 모래 늪에 빠져 버렸다. 15시간 동안 사투를 벌이며 자동차를 꺼내려고 애써봤지만 불가능했다. 수령 17년의 트럭은 우리가 밀면 밀수록 모래 늪으로 더 깊이 빠져들었다.

우리는 2주간 광야 마을을 누비고 다니면서 많이 지쳐 있는 상태였다. 그날도 하루 종일 소금 친 주먹밥 외에는 아무것도 먹지 못했다. 제대로 먹지도 못했으면서 몇 시간 동안 "하나, 둘, 셋"을 외치며 전력으로 트럭을 미느라 모두 탈진 상태가 되었다.

광야의 마른 강가에서 밤은 점점 깊어갔다. 사방에서 야생동물들이 우는 소리가 소름 끼치게 들리기 시작했다. 우리는 우선 모닥불을 피워 놓고 짐승들이 다가오지 못하도록 했다. 그리고 모두 모랫바닥에 누워 셀 수 없이 많은 별들을 바라보았다. 그때, 에모토로키 출신의 모세가 내게 말했다.

"이 선교사님, 마귀가 우리를 시기하는 것 같소. 우리 함께 찬양합시다."

우리는 모두 일어나 힘을 내서 찬양을 부르기 시작했다. 깊어가는 아프리카 광야의 밤중에 찬양 소리와 함께 춤판이 벌어졌다.

"오실리낄라이 요데데 니녜 올라이토리아니(Osiligi Lai Odede Ninye Olaitoriani). 오실리낄라이 요데데 니녜 올라이토리아니."

"나의 참된 소망은 주님 한분이십니다"라는 의미의 찬양이었다.

한밤에 펼쳐진 찬양 집회는 마사이 청년들과 선교사를 하나가 되게 만든 귀한 시간이었다. 하지만 광야의 추위 속에서 밤을 지샐 수는 없었다. 우리는 횃불을 만들어 들고서 선교본부까지 행군하기로 결정하였다. 결국 트럭을 모래 늪에 버려두고 와야 했다. 마치 '커다란 보석'을 광야 모래 늪에 내버리고 오는 느낌이었다. 아무 인적 없는 광야인지라 모래 늪에 빠진 중고 트럭을 가져갈 사람이 아무도 없다는 걸 알면서도 걱정이 된 것은, 그 트럭이 우리 마을에서 유일한 이동 수단이었기 때문이다.

몇 시간이나 광야를 지나는 야간 행군을 하는 동안, 사방에서 들려오는 짐승들의 울음소리와 한 치 앞을 내다볼 수 없는 암흑이 우리를 가로막았다. 그런 가운데에서도 우리는 계속 찬송을 부르면서 행군했고, 기쁨이 충만했다.

지금 생각해보면, 우리가 빠졌던 모래 늪은 전도팀이 하나가 될 수 있도록 해준 은혜의 늪이면서 동시에 큰 감사의 늪이었다. 왜냐하면 모래 늪을 통과해서 복음을 전한 올몰티아니(Olmoltiani) 마을에 주님의 몸된 교회가 생겨났고, 어린아이들을 교육할 수 있는

진흙 연필, 진흙 공책

초등학교가 시작되었기 때문이다. 처음부터 건물이 없었어도 나무 밑에서 예배하는 신자들이 생겨났고, 아이들은 모랫바닥에서 글쓰기를 연습하였다.

우리는 인생을 사는 동안 때때로 늪에 빠지게 된다. 우리가 주님 안에 있으면 아무리 깊은 늪도 은혜의 늪이 되고 감사의 늪이 된다. 그러나 주님 밖에 있으면 작은 늪도 사망의 늪이 되고 불평의 늪이 된다.

사람의 환경은 마음을 어떻게 먹는가에 따라 달라진다. 하나님께서 사람의 마음을 주장하시기 때문이다. 그러므로 "무릇 지킬 만한 것보다 마음을 지키라"(잠 4:23)라는 말씀을 붙들고 살아야 한다. 풍요한 세상에서 살더라도 주님 없이 살면 거지 같은 삶을 살게 되고, 물질적으로 빈궁한 세상에서 살더라도 주님과 함께 있으면 왕 같은 삶을 살 수 있다. 나는 남은 인생을 왕 같은 제사장으로 살아가기로 다짐하였다.

사랑의 진료와 고름 세례

이곳은 의료의 사각지대이다. 선교사로서 광야 생활에서 중요한 일 중 하나는 마을 사람들의 건강을 돌보는 일이었다. 나는 문과 출신이고 의료 진료와는 전혀 관계가 없는 사람이다. 그러나 광야에 사는 원주민들은 선교사들이 자신들의 병을 치료할 수 있다고 생각한다.

광야 마을 사람들에게는 특히 질병이 많다. 물이 귀하기 때문에 잘 씻을 수 없고 위생 관리가 어렵기 때문이다. 우리 동네에는 특히 지거(jigger, 모래벼룩) 환자들이 많다. 손톱과 발톱 사이에 모래벼룩이 알을 까고 기생하면서 심한 고통을 유발시킨다. 나는 정기적으로 마을 사람들의 몸에서 모래벼룩을 제거하는 간단한 수술을 하고 항생제 연고를 발라주었다. 돌이나 가시에 찔리는 외상으로 발이 심하게 곪은 경우엔 고름을 제거하다가 고름이 분수처럼 뿜어 올라 '고름 세례'를 받는 일도 흔하게 일어났다. 통증에서 해방된 사람들은 감사하는 마음으로 주일에 교회에 오곤 했다. 사랑의 진료가 복음 전도에 좋은 수단이 된 것이다.

한번은 단기선교차 방문한 안과 간호사가 산파가 된 경우가 있었다. 마사이 부족은 강한 자외선과 아울러 부엌이 따로 없는 집안에서 음식을 해 먹기 때문에, 진한 연기 때문에 안질 환자가 많다. 이들에게 백내장 수술과 안과 진료를 해주기 위해 실로암안과(김선태 목사)에서 의사와 간호사들이 마사이 마을을 방문한 것이다. 그들은 렐레 마을 주민들에게 최선을 다해 안과 진료를 해주었다.

의료봉사를 하던 어느 날, 새벽 2시경에 선교본부 근처인 리디아(Lydia)의 보마에서 한 사람이 급하게 달려왔다. 그곳에 사는 산모에게 산기가 있다는 것이었다. 마침 한국에서 의사들이 왔으니 도와달라고 한 것이다. 의사가 없는 원주민들에게는 안과나 산부인과나 다 같은 의사이다. 그날 안과 의사들이 흰 가운을 입고서 열마나 근엄하게 환자들을 대했던가? 흰 가운 입은 사람들은 모든 병을 고칠 수 있고, 아기도 받을 수 있다고 그들은 믿었다.

하지만 안과 의사들은 산부인과 경험이 전혀 없었다. 다행히 간호사 중에 산부인과 경험이 있는 간호사가 있었다. 그 간호사가 급히 리디아 보마로 달려가 아이를 받았다. 산모는 순산하였고, 건강한 아이가 탄생하였다. 그날 밤, 우리는 아기가 태어나기까지 밤새도록 긴장하고 땀 흘리며, 마음 졸여 기도해야 했다. 태고의 고요가 있는 광야의 칠흙같은 밤은 새 생명의 울음소리와 환한 빛 앞에서 물러났다.

2

역동적인 아프리카

05 | 역동적으로 같아지려는 마음

에모토로키의 영적 전쟁

에모토로키(Emotoroki)는 렐레에서 100리(약 40킬로미터) 떨어진 곳에 있는 오지의 마을이다. 1992년 어느 날, 그 마을 주민으로부터 에모토로키로 가는 길의 늪에 코끼리 떼가 빠졌다는 소식을 들었다. 나는 '거룩한 호기심'이 발동하였다. 그런 일은 마사이들도 평생 한 번 볼까 말까 한 사건이다. 나는 에모토로키 마을을 방문하기로 하고, 17년 된 트럭을 타고서 먼지 나는 광야 길을 달려갔다. 그런데 아쉽게도, 우리가 에모토로키에 도착했을 때는 케냐 야생 동물 보호청에서 늪에 빠진 코끼리 떼를 이미 구출하여 킬리만자로 근처의 암보셀리(Amboseli) 공원으로 이동시킨 후였다. 늪에 빠진 코끼리 떼를 볼 수 없어서 아쉬웠지만, 코끼리 떼 구출 작전에 성공한 것은 다행이었다.

마을 어귀에 들어서자, 눈에 살기가 가득한 모란들이 우리를 경계하면서 날카로운 눈빛으로 노려보았다. 나는 두려운 마음을 가라앉히고 마을 지도자들을 만났다. "나는 이웃 마을 렐레에서 살고 있는 선교사입니다"라고 나를 소개했다. 그런 다음, 그들의 마을에 어떤 도움이 필요한지 물어보았다. 그들은 내가 이웃 마을에 살고 있는 것을 알고 있었으므로, 마음을 열고 자신들의 필요를 이야기하였다.

첫째, 에모토로키 마을에는 2천 명 정도의 주민이 살고 있는데, 주민들이 사용하는 우물에서 물을 퍼 올리는 발전기가 고장나 사람들과 가축들이 기근의 고통을 당하고 있으니 발전기를 고쳐주면 좋겠다고 요청하였다. 나는 에모토로키에 복음을 전하려면 그들과 좋은 관계를 맺어야 하기 때문에, 발전기를 고쳐주기로 결정하고 지원하였다.

둘째, 에모토로키 마을에는 어린아이들을 교육할 수 있는 교육기관이 없기 때문에 아이들을 교육할 수 있도록 도와달라고 하였다. 우리는 아이들을 교육하기 위해 임시 교실을 지어주었고, 청년 안드레를 교사로 고용하여 그 마을에서 교육 사역을 시작하였다.

나는 에모토로키 마을을 2주에 한번 방문하여 주일예배 설교를 하였다. 그 교회에서 부흥회를 열었는데, 마지막 날 집회 중에 젊은 청년 다우디가 갑자기 거품을 뿜고 넘어지며 발작을 일으키기 시작했다. 나는 이사야 6장 말씀을 본문으로 '하나님의 거룩하심이 온 땅에 충만함'을 선포하고 있었는데, 다우디가 발작과 동시에 소리를 지르며 말씀 전하는 것을 방해하였다. 부흥회에 참석한 4백여 명의 사람들은 그런 다우디를 보면서 두려움에 빠졌다. 나는 영적 전쟁이 일어난 것을 직감하였다.

나는 다우디 안에서 역사하는 악한 영을 몰아내기 위해 그에게 다가가려고 했다. 그 순간, 그가 갑자기 일어나더니 양철 교회를 뛰쳐나가 광야의 가시나무 숲으로 뛰어들었다. 그리고 가시나무에 자기 팔을 찢으며 괴로워하더니 도망가고 말았다. 나는 그를 쫓아 그가 사는 보마까지 따라갔다. 예수의 이름으로 귀신을 몰아내고, 그를 위해 치유의 기도를 드렸다. 잠시 후 청년은 잠잠해졌고 예수를 구주로 고백하는 기도를 드렸다.

선교 현장에서 우리의 싸움은 혈과 육에 속한 것이 아님을 그날도 실감했다. 아프리카는 악한 영들이 강하게 역사하는 곳이기 때문에, 매일 일어나는 영적 전쟁에서 사탄의 세력을 꺾고 예수의 복음을 선포하기 위해 많은 기도를 해야 한다.

마른 광야에 내린 비

1992년, 에모토로키 지역에 양철 교회가 지어지고 예배를 드릴 수 있게 되었다. 그런데 이후 2년 동안 비가 내리지 않아 1994년에는 에모토로키 마을 사람 3명이 아사하고 많은 가축이 죽어 나갔다. 이 소식을 들은 나는 에모토로키를 방문해, 열왕기상 18장을 중심으로 '엘리야의 기도'라는 제목으로 설교하였다. 설교 후에는 예배에 참석한 모는 사람들에게 무릎을 꿇고 살아 계신 하나님께서 비를 내려주시도록 기도하자고 외쳤다.

엥가이 신을 섬기는 에모토로키 남자들은 비가 오지 않는 기근을 만나면 엥가이 신에게 소와 양을 잡아 기우제를 드린다. 게다가 자존심이 강하다. 그러니 그들이 다른 신으로 여기는 하나님에게 무릎까지 꿇고 기도하자는 내 말을 들을 리가 없었다. 꿈쩍도 하지 않았다. 이때, 성령께서 그들 중에 나이 많은 무제(muzee, 스와힐리어로 '어른'이라는 뜻)의 마음을 움직여 무릎을 꿇게 하셨다. 어른 중심의 경로 문화를 가진 마사이인지라, 모두 그 어른을 따라 무릎을 꿇고 기도하였다. 그러나 아쉽게도 그날은 비가 오지 않았다. 나는 민망하고 실망한 마음을 감추고, 차를 타고서 먼지 날리는 100리 길을 달려 렐레 선교본부의 집으로 돌아갔다.

다음 날 점심 무렵이 됐다. 에모토로키 유치원에서 교사로 일하고 있는 안드레가 그 먼 길을 헐레벌떡이며 달려와 급히 말했다.

"어제 목사님이 떠난 후에, 우리가 무릎을 꿇고 기도했던 그 장소에만 비가 내렸어요!"

믿어지는가? 나도 처음엔 믿기지 않는 소식이었다. 하지만 믿든 말든 그건 사실이었다. 하나님께서는 그렇게 아프리카 광야 마을에 친히 새로운 선교의 장을 열고 계셨다. 우리는 살아서 역사하시는 하나님을 찬양하며 감사의 기도를 드렸다.

선교사역은 믿음을 가지고 불가능한 일에 영적으로 도전하는 데서 시작된다. 자신의 삶을 공격적으로 헌신하고, 성령의 역사를 믿는다면 이런 기적도 보게 될 것이다. 또한 하나님의 구원 역사를 선교지에서 보게 될 것이다.

기린의 응원

미국 일리노이주에서 단기선교팀이 왔을 때 일이다. 나는 선교팀과 함께, 우리 선교본부가 있는 렐레 마을을 출발해 뜨거운 광야를 가로질러 에모토로키 마을로 13시간의 행군을 시작하였다. 불을 붙일 것처럼 이글거리는 아프리카의 태양 아래에서 끝이 없어 보이는 초원을 걸어가자니 목이 타들어 갔다. 땅방울이 구슬같이 흘러내리고 얼굴은 붉은빛으로 상기되었다. 그야말로 탈진 상태로 행군하고 있었다. 그때 팀원 중에 누가 갑자기 "야호, 기린이다"라고 외쳤다. 팀원들은 모두 "어디?" 하면서 떨구었던 고개를 들고 기린을 바라보았다. 먼발치에 있던 기린들도 노란색 얼굴을 처음 보았는지 크고 선한 눈으로 우리 일행을 바라보았다. 마치 기린들이 예수 복음을 전하기 위해 행군하는 우리를 응원하는 눈빛으로 바라보는 것 같았다.

"야, 기린이 저렇게 큰지 몰랐다. 어떻게 가시나무 잎사귀를 뜯어 먹을 수 있는가? 어떻게 긴 목을 굽혀 물을 마실까?"

우리는 목적지에 도착할 때까지 기린에 대해 이야기를 나누며 힘차게 행군할 수 있었다. 그런 점에서, 광야에서 만난 기린 가족은 우리의 피로를 풀기 위해 보내주신 하나님의 선물이었다. 타는 목마름과 몇 번이나 주저앉고 싶은 상황에서도, 복음을 위해 인내의 경주를 마칠 수 있도록 힘을 주신 셈이다. 참 아름다운 세상을 지으시고, 기린 가족의 환호를 받으면서 믿음의 행진을 하게 하신 하나님을 믿는 나는 행복하다고 생각했다.

하지만 에모토로키의 물 없는 광야에서 전도여행을 다닐 때, 사흘간 세수를 하지 못하는 일은 비일비재했다. 우리는 작은 컵으로 하루에 세 번 물을 배급받아 마셨는데, 그 한 컵으로 3명이 나누어 마셔야 했다. 사흘간 내가 쓴 물을 다 합해도 한 바가지가 안 될 것이다. 물 한번 마음껏 마셔 보았으면 소원이 없겠다 싶었다. 이런 광야에서 사람이 어떻게 생존할 수 있을까? 생수를 사 먹고 싶어도 광야엔 가게가 없다. 그러니 돈이 있어도 무용지물이었다. 물이 돈보다 귀하다는 걸 알았다. 물이 없으니 목이 더 마른 것 같았다.

에모토로키 원주민들은 매일 20킬로미터를 걸어가 물을 길어 먹어야 하는 형편이었다. 우리는 며칠만 견디면 그만이니 그나마 사정이 나은 편이다. 하지만 그들은 우리보다 훨씬 더 오랫동안 물 없이 살아가고 있었다. 물이 없다 보니 옴과 곰팡이 등 지구상에 존재하는 각종 피부병은 그 마을에 다 모여 있는 것 같았다. 우리는 목이 말라도 참아가면서, 복음을 위해 의료봉사 활동을 계속 하였다.

열악한 환경에서 사흘간 씻지 못해 현지인과 비슷하게 된 우리들에게, 마사이의 어른인 와제(wazee)들이 와서 "우물이 고장나서 마을 주민들이 차츰 떠나고 있다"고 호소하였다. 나는 원주민 와제들에게 우물을 고쳐서 사용하자고 제안하였다. 미화로 1,200달러, 한화로 약 140만 원 정도만 있으면 그 지역에 사는 256세대 2천여 명의 사람들과 가축들에게 생수를 공급할 수 있다는 말을 들었기 때문이다. 우리는 40만 원 정도를 보조해주기로 결정했다. 나머지 100만 원은 원주민들이 소를 팔아 충당하도록 했다.

예수의 이름으로 냉수 한 잔을 주면 하늘에서 상이 크다고 말씀하신 예수님의 말씀을 기억하면서, 우리는 그렇게 그리스도의 사랑을 그들에게 나누었다. 마을 사람들은 우물을 고치게 된 것을 기뻐하며, 염소를 잡아 축제를 열었다. 우리는 그들과 한 덩어리로 어울려 즐기면서 복음을 전했다.

광야의 축구 경기

나는 에모토로키 마을 사람들에게 축구 경기를 하자고 제안하였다. 보통 마사이 남자들, 특히 어른들은 운동하거나 일하는 법이 없다. 물을 긷는 일, 나무를 패는 일, 소똥과 진흙을 섞어서 집을 짓는 일은 모두 여자와 아이들의 몫이다. 그래서 몇몇은 기뻐하지 않는 표정이었으나, 대다수가 찬성하여 다음 날 오후에 축구 시합을 하기로 했다.

다음날 50여 명의 와제들이 슈카(suka, 마사이 성인 남자들이 입고 다니는 겉옷)를 입고 나타났다. 축구에 대한 기본 상식이 없는 이들에게 기본적인 방법과 규칙만 가르친 다음, 한국 사람과 마사이 원주민 사이에서 최초의 축구 경기가 시작되었다.

규칙을 모르는 마사이 팀은 자기 골대에 골을 넣고서 기뻐하기도 했다. 덕분에 전반전은 4대 1로 한국팀이 월등하게 우세했다. 그러나 후반전이 되자 상황은 완전히 역전되었다. 더위를 먹은 한국팀은 점점 기력을 잃어가고, 마사이들은 펄펄 나는 것이 아닌가? 결국 경기는 반은 한국인이고 반은 마사이 원주민인 심판 이은용 선교사의 '불공정한' 경기 운영으로, 6대 6 무승부로 종결되었다. 경기가 끝나자 와제들은 자살골을 넣은 사람을 야단치면서 "저놈은 한국으로 데려가라"고 말하여 모두 웃었다. 우리는 하나가 된 기분을 느끼며 기뻐하고 얼싸안았다.

다음날 주일예배에는 와제들이 대거 예배에 참석하였다. 나는 마가복음 2장의 중풍병자의 치유 사건을 중심으로 "영적 중풍병을 고치실 주님을 믿으라"고 설교했다. 우리가 예배를 마치고 마을을 떠날 때, 와제들은 우리의 안전과 여행을 위해 기도했다. 우리는 마을이 복음으로 변화될 수 있기를 기도했다. 주님의 이름으로 치마 입은 원주민과 뜨거운 태양 아래에서 축구 시합을 하고, 양을 잡아 축제를 열고, 예수의 이름으로 생수를 공급할 수도 있었던 그날, 나는 행복했다.

의리의 사나이 골레레

우리는 1992년에 에모토로키 선교사역을 처음 시작하여 1994년 에티오피아로 사역지를 옮길 때까지, 한 달에 한두 번 에모토로키를 방문하여 주일예배를 드리고, 양철 집 교실을 지어 어린이들을 교육하였다. 기근이 생기면 양식을 사서 주민들에게 나누어 주었다. 이렇게 3년간 에모토로키를 드나들며 복음을 전하고 사랑을 나누었다.

우리 부부는 에티오피아 사역 이후에 안식년을 지낸 다음, 다시 케냐로 돌아와서 사역하다가 2001년에 큰 교통사고를 당했다. 아내는 7시간 동안 수술을 받았고, 나는 갈비뼈가 두 개 부러져 한 달 동안 침상에 누워 지냈다.

우리의 교통사고 소식을 들은 에모토로키 주민은 마을 전체 회의를 열었다. "우리에게 복음을 전했고, 우리 아이들이 교육받기 위해 초등학교를 세운 리(Lee) 선교사 부부가 교통사고를 당해 누워 있다고 하니 우리가 가서 위로하자"는 게 그 회의의 결론이었다고 한다.

에모토로키 사람들은 자기들의 지도자인 골레레(Golele)와 그 마을 교회의 전도사인 모세(Moses)를 내가 입원해 있는 나이로비 병원으로 보내기로 결정하였다. 마을에서 가장 큰 염소를 우리 부부의 약재로 쓰기로 하고, 에모토로키에서 무려 50킬로미터나 떨어진 아스팔트 도로까지 끌고 와서 승합차에 실었다.

마사이 전통 복장을 한 골레레는 키가 2미터가 넘고 옆구리에 삭은 칼을 차고 다녔다. 나이로비 시민들이 그런 골레레를 신기한 눈으로 쳐다보았다. 하지만 그는 선교사를 봉양하는 목적으로 도시에 왔기 때문에 사람들의 시선은 아랑곳하지 않았다.

골레레와 모세는 끌고 온 염소를 나이로비에 있는 우리 선교부의 마당에서 도살하여, 우리 부부를 위해 염소탕을 만들어주었다. 마사이의 전통 조리법으로 사흘이나 지극 정성으로 달인 것이었다. 그걸 하루에 세 번 우리에게 먹으라고 주었고, 우리는 지독한 냄새가 나는 '사랑의 염소탕'을 코를 잡고 마셨다. 우리 부부는 그들의 사랑을 받아먹으며 몸보신을 하였다. 염소 고기는 잘 구워주어서 맛있게 먹었다.

우리가 에모토로키 마을을 떠난 뒤 시간이 많이 지났지만, 우리를 잊지 않고 의리를 지키며 사랑을 베풀어준 에모토로키 사람들을 생각하면 지금도 감사의 눈물이 난다. 아마도 우리가 잠시라도 그들과 함께 살았기 때문에, 그들이 우리에게 그런 사랑을 베풀었을 것이다. 이런 걸 보면, 선교사는 아무리 환경이 어려워도 현지인들과 함께 살아야 한다. 성육신하신 예수님처럼, 현지인들과 역동적으로 동등해지려는 마음은 현지인들에게 전달된다.

06 선교사가 낳은 선교사

예수님 도와주세요

1991년 12월 22일 주일, 둘째 다은이의 출산 예정일이 아직 5일 남았을 때였다. 아내는 아침부터 산기를 느꼈다. 우리는 아침을 먹는 둥 마는 둥 하고 서둘러 병원으로 향했다. 아기가 일찍 나올 징조가 보였으므로 우선 입원 수속을 밟고 둘째의 탄생을 기다렸다. 시간이 갈수록 심해지는 통증 때문에 고통스러워하는 아내를 보면서, 아무것도 도와줄 수 없어서 안타까웠다. 기도 외에 할 수 있는 일이 달리 없었다.

진통이 1분 간격으로 오기 시작하자 아내는 분만실로 옮겨졌다. 나는 폴란드 의사 리코(Dr. Riko)의 배려로 선교사로 먼저 와 있던 아내의 둘째언니와 함께 분만실에 들어가 분만 과정을 지켜볼 수 있었다. 한국에서는 남편이 분만실에 들어가지 못하지만, 케냐에서는 허용되었다.

나는 아내가 둘째를 낳는 장면을 보면서, 그날을 기준으로 33년

5개월 12일 전의 나의 탄생 현장을 상상할 수 있었다. 어머니는 감당하기 힘든 해산의 고통으로 몸을 뒤틀었을 것이다. 어머니의 힘과 피가 한곳으로 집중되는 순간을 지나, 나는 세상의 빛을 보게 되었을 것이다. 내 어머니가 당한 것과 동일한 고통을 아내가 당하고 있었다.

참기 힘든 해산의 고통 가운데, 아내는 "예수님 도와주세요. 예수님 도와주세요"라고 연거푸 외치며 간절히 기도드렸다. 둘째 딸은 이렇게 긴 고통의 대가를 지불하고서 아프리카의 빛을 보게 되었다. 아내는 양수와 피를 쏟아 놓은 후에, 여자아이라는 소리를 듣고 깊은 잠에 빠졌다. 나는 하나님의 은혜를 많이 입고 태어난 둘째 딸의 이름을 다은(多恩)이라고 지었다. 우리 부부는 다은이가 모든 사람에게 은혜를 끼치는 삶을 살 수 있도록 교육해야 할 책임을 갖게 되었다. 나 또한 아내가 해산하면서 외친 것처럼, 어렵고 힘든 일을 만날 때마다 "예수님 도와주세요"라고 외치며 기도하는 선교사가 되어야 하겠다고 다짐하였다.

화장지 두 마디

우리가 남부 케냐 카지아도(Kajiado) 지방의 마사이 마을에서 살 때 태어난 다은이는 유난히 눈이 크고 겁이 많았다.

어느 날 광야의 양철 집 화장실에서, 다은이가 큰 소리로 '우왕'

하고 우는 소리가 났다. 나는 놀라서 화장실로 달려갔다.

다은이가 통곡하며 운 이유는 언니인 네 살 고은이가 두 살 동생 다은이를 야단쳤기 때문이었다.

"야, 엄마가 소변을 본 후에는 화장지를 두 마디만 쓰라고 했는데, 너는 왜 이렇게 많이 썼어?"

우리는 이 어처구니없는 장면을 보고서 말을 잇지 못했다. 300킬로미터를 운전해야 물건을 구할 수 있는 광야에서 생활하면서, 모든 물자를 아껴서 사용했기 때문에 생긴 해프닝이었다. 이런 광경을 보고 계셨을 하늘 아버지의 심정은 어떠했겠는가? 그럼에도 불구하고, 우리는 지속적으로 광야 마을에 남아 예수님의 마지막 유언인 땅끝까지 복음을 전하라는 지상 대명령을 이어가야 했다.

아빠, 연기는 어디 있어요?

문명과 고립된 원주민 마을에서 사역하는 선교사에게 가장 힘든 문제 중에 하나는 자녀교육이다. 선교사는 자녀를 어떻게 교육할 것인가?

우리 부부는 고은이가 세 살이었고 다은이가 9개월에 접어들던 1992년 어느 날, 선교 훈련에 참여하기 위해 케냐의 수도 나이로비에서 3개월간 생활하게 되었다. 고은이는 모처럼 도시에서 기독교 유치원을 다니며 다양한 것들을 배웠다. 매일 씻을 수 있었고, 시

광야의 MK
둘째 딸 다은이와 첫째 딸 고은이의 아프리카 생활 초기의 모습.

원한 음료수를 마시고 TV도 볼 수 있는 호사를 누렸다. 이때 우리 부부는 다은이의 교육을 어떻게 시켜야 할지 고민하게 되었다.

3개월이 지나, 고은이는 다시 전기 없는 마사이 원주민 마을에서 살아야 했다. 저녁에 날이 금세 어두워지자, 나이로비에서 몇 달 동안 전기를 사용했던 고은이는 우리가 전혀 이해할 수 없는 질문을 하였다. 희미한 등잔불 아래에서 저녁 식사를 준비하는 우리에게 "엄마, 아빠, 연기는 어디 있어요?"라고 묻는 것이었다.

우리는 그 질문을 처음에는 이해하지 못했으나, 한창 한국말을 배우고 있는 고은이가 전기를 연기로 착각했다는 것을 바로 이해할 수 있었다. "연기가 아니라 전기야. 이곳은 전기가 없는 곳이야.

그렇기 때문에 밤에는 일찍 자고 아침에 일찍 일어나야 하는 거야" 라고 아내가 답해주었다. 엄마의 말에 고개를 끄덕이는 고은이를 보면서, 문화로부터 고립된 생활을 하는 선교사가 자녀를 어떻게 교육할지에 대해 다시 한번 생각하게 되었다.

우리 아이들이 광야 생활을 하면서 겪은 또 다른 어려운 일은, 광야의 강한 먼지바람 때문에 늘 감기에 걸려 기침과 콧물을 달고 사는 것이었다. 우리 부부는 전기가 없는 곳에서 음식을 준비하는 일과 세탁과 독서가 곤란했으나, 고은이는 각종 동물을 보며 기뻐하면서 광야 생활을 즐겼다. 이러니, 모든 것이 하나님의 은혜이다.

어린 딸들이 비록 문명을 즐길 수는 없었지만, 그들이 아프리카의 대자연에서 자연친화적인 생활을 하면서 더 넓은 세계관을 형성하기를 우리는 바랐다. 우리 딸들뿐 아니라, 문명과 동떨어진 지역에서 사역하고 있는 선교사의 자녀들이 훌륭한 주님의 복음 증거자가 될 수 있도록 하나님의 은혜를 간구한다.

선교사는 주님을 위해 문명의 혜택을 포기하고 사역하는 일을 기쁨으로 생각할 수 있다. 하지만 우리 딸들 같은 선교사의 자녀들을 생각하면 안타깝다. 문화생활을 하지 못하는 것은 견딜 수 있는데, 피부와 언어가 전혀 다른 아이들과 생활하면서 필수적으로 당면하게 되는 고립은 정말 가슴 아프다. 그러나 하나님께서 우리 선교사들의 자녀들이 참된 교육을 받게 하시고, 의의 길로 인도해주실 것을 전적으로 믿는다.

제3 문화권의 아이들

선교사 자녀를 '제3 문화권의 아이들(Third Culture Kids, 이하 TCK)'이라고 부른다. 제3의 문화 속에서 성장하는 한국 선교사의 자녀들 대부분은 세 가지 문화를 습득하면서 성장한다.

첫째, 가정에서는 부모로부터 '한국의 문화와 언어'를 배운다.

둘째, 국제학교를 다니면서 '서양 문화와 언어'를 배운다.

셋째, 사는 동네의 또래 집단에서 '현지 문화와 언어'를 배운다.

선교사 자녀들이 이렇게 특수한 환경 가운데 성장하기 때문에 제3 문화권의 아이들이라고 불리는 것이다.

우리 부부는 첫째 딸 고은이를 한국에서 낳았고 둘째 다은과 셋째 지은이는 케냐에서, 넷째 예은이는 에티오피아에서 낳아서 양육하였다. '송아지는 소가 낳고 선교사는 선교사가 낳아야 한다'는 생각으로, 우리는 아이들에게 복음 전파를 위한 선교적 삶을 살도록 교육하였다. 아이들이 초등학교에 들어가면 전도여행에 데리고 다니면서 아프리카 현지인들의 삶과 문화를 배울 수 있도록 하였다. 여름방학엔 6주 동안 텐트를 치고 야외생활을 했다. 음식이 귀한 아프리카 시골의 현지인처럼 아침은 금식하고, 점심과 저녁은 현지인이 주는 옥수수가루로 만든 우갈리를 먹었다.

우리 아이들은 어렸을 때는 단기선교팀의 보호를 받으며 전도여행을 다녔다. 대학교를 졸업한 후에는 단기선교팀을 안내하고 운영하는 스태프로서 일하였다. 겨울방학에는 '크리스마스와 새해를 현지인과 함께'라는 슬로건을 걸고, 온가족이 원주민 마을에서 텐트를 치고 생활하며 복음을 전하기도 했다.

최고의 선교사 후보생

선교사의 자녀들은 하나님의 선교를 이어가는 사역에서 가장 중요한 재원들이다. 한국 선교의 다음 세대를 이어갈 TCK들의 특징을 보면 다음과 같다.

첫째, TCK는 타문화에 대한 경험이 풍부하다. 그들에게는 선교지가 타문화가 아니라 자문화이기 때문에, 자신들이 성장한 나라에서 선교사가 된다면 문화 습득을 위해 오랜 시간을 투자하지 않아도 된다.

둘째, TCK는 이동이 탁월하다. 언제든지 보따리를 싸서 민첩하게 움직일 준비가 되어 있다. 우리는 그런 아이들을 '국제 유목민'(international nomad)이라고 부른다. 부모를 따라 선교지 여러 곳을 이동하며 사역하기 때문에 익숙한 삶의 터전을 포기하기가 쉽다. 사도 바울은 예수의 종이 된 후에 죽을 때까지 항상 이동하면서 그리스도의 복음을 전하며 살았다. 자신이 가장 공을 들였던 에베소 교회와 두란노 사역을 하면서 정들었던 에베소 장로들과 이별할 때 남긴 눈물의 메시지는 모든 선교사에게 모델이 되는 지침이다.

"나의 달려갈 길과 주 예수께 받은 사명 곧 은혜의 복음을 전하려 함에는 나의 생명을 조금도 귀한 것으로 여기지 아니하노라"(행 20:24).

선교사들은 이 세상에 미련을 두지 않아야 하고, 복음 전도를 위해 항상 성령의 지시하심에 민감하게 이동해야 한다. 이런 면에서 이동하는 일에 익숙한 선교사 자녀들은 좋은 선교의 자원이다.

셋째, TCK는 정체성이 혼란스럽다. 나의 자녀들은 한국인 부모 밑에서 성장하면서 한국 문화를 배웠다. 선교사 국제학교를 다니면서 미국 문화를 배웠다. 아프리카 친구들과 놀면서 아프리카 문화를 습득하였다. 정체성에 혼란이 올 수밖에 없었다.

동료 선교사의 딸 해나는 케냐에서 선교사 국제학교를 졸업한 후에 미국에 있는 대학교에 진학했다. 해나가 대학교에서 가장 어려웠던 점은 어울릴 친구가 없는 것이었다고 한다. 점심시간이 되어 학교 식당에 가면 한국에서 유학온 아이들끼리 모이고, 같은 한국인이어도 이민 2세들끼리는 따로 모이고, 인종마다 제각각 모여 식사했다. 하지만 자신은 어울릴 곳이 없어서 너무 힘이 들어 2년 동안 울고 또 울었다고 고백하였다. 해나는 객지에서 외롭게 지내다 하나님께 기도하면서, 자신의 영원한 고향은 하나님의 나라라고 생각하며 스스로를 위로했다고 한다.

넷째, TCK가 느끼는 어려움은 매우 복합적이다. 선교지의 열악한 교육 환경으로 인해, 대부분은 일찌감치 부모를 떠나 기숙사에서 살아야 하는 아픔이 있다. 부모와 원치 않는 이별을 한 상실감은 이들의 정서적 문제로 연결되기도 한다. 언어와 문화의 장벽에 부딪혀 고생도 한다. 선교사 자녀 중에는 초등학교 저학년 때까지 손가락을 빠는 아이도 있다고 들었다. 사춘기인 청소년기에는 눌러왔던 분노가 폭발하여 다른 학생과 싸우는 경우도 간혹 있다.

다섯째, TCK는 넓은 세계관을 가지고 있다. 그들은 여러 문화권의 아이들과 생활하면서 갈등을 겪지만, 스스로 마음을 자정하는 작업을 하면서 관계를 조정하고 생존하는 법을 배운다. 다른 사람에 대해선 넓은 이해의 폭을 갖게 된다. 여러 언어를 배우고 다양한 문화를 습득해왔기에, 인생을 살아갈 때 폭넓은 처세를 할 수 있다.

여섯째, (다섯째 특징과 반대로) 문화적 소외를 경험하며, 다른 사람들과 깊은 관계를 맺는 일에서 어려움을 겪기도 한다.

이렇게 복잡하고 다양한 특징을 가지고 있는 선교사 자녀들은 살면서 힘든 과정을 거치지만, 결과적으로 좋은 선교사의 자질을 가지게 된다. 따라서 선교의 다음 세대를 이어갈 하나님나라의 좋은 재원들이다. 한국교회는 거시적인 안목을 가지고 다음 세대 한국 선교를 이어갈 선교사 자녀들에게 확실한 투자를 해야 한다.

07 선교사의 소통과 공격적 헌신

실용적, 철학적, 윤리적 소통

선교사들에게 소통은 필수적인 일이다. 첫째, 다른 문화권에 사는 현지인들과 복음 전파를 위해 원활하게 소통해야 한다. 둘째, 선교사역을 돕는 모국의 후원 교회와 긴밀하게 소통해야 한다. 서로 다른 문화권의 사람들과 소통하고 관계를 형성하며 함께 살아가기 위해서는 그들의 문화를 긍정적으로 이해하고 대처할 수 있는 역량을 키워야 한다. 그러나, 광의적 의미에서 문화를 이해하는 것은 커다란 도전이다.

선교사가 되어 새로운 상황에서 서로 다른 문화적 배경과 세계관, 또는 행동 양식을 가진 사람들과 소통한다는 것은 문화 사이의 의사소통 이론과 원칙, 그리고 그 역학(力學)을 이해해야 한다는 걸 의미한다. 문화 사이의 의사소통은 다양한 문화적 배경을 가진 사람들이 상호작용하는 일이기 때문이다. 또한, 의사소통에서 중요한 영향을 미치는 것이 문화이기 때문이기도 하다. 그래서 선교사로서 소통은 필수적이면서도 어려운 과제다.

문화는 사람들의 믿음과 가치관, 그리고 세계관에 지대한 영향을 미친다. 그래서 문화는 언어 사용법이나 비언어적인 행위, 그리고 사람들의 관계에도 반영돼 있다. 또한 문화에 대한 이해는 친구 관계와 육아법 등 다양한 사회적 상황에 필요한 적절한 의사소통 방식에 대해 규범을 제공한다. 특히 새롭게 접하는 문화와 소통할 경우에 기본적으로 생각해야 할 것은, 의사소통이 사람들의 행동에 직접적인 영향을 미친다는 것이다. 이런 차원에서 의사소통에 대한 선교사의 연구는 실용적이고 철학적이며 윤리적이어야 한다. 선교사가 다른 문화권에 들어가서 사역한다는 것은 사실상 토착민들의 행동 변화에 초점을 맞추는 것이다. 그래서 실용적이고 철학적이어야 하며, 윤리적인 기준을 세우고 소통해야 한다는 것이다. 현지인과 원활하게 의사소통을 하기 위해서는 상대의 언어를 습득해야 함은 물론이고, 그들의 문화 속에 담겨 있는 심층적 의미도 파악해야 한다.

고국과의 국제전화

광야 생활을 하면서 모국의 후원 교회와 소통하는 일도 큰 문제였다. 32년 전에 아프리카에서 한국으로 전화하기란 쉬운 일이 아니었기 때문이다. 인터넷이란 말이 아예 없었다. 특별히 우리 가족은 전기 없는 광야 마을에서 살았기 때문에, 한국은 고사하고 나이로비에 있는 선교본부와 전화하는 일도 불가능했다. 우리가 한국의 가족과 교회와 국제전화를 하려면 수도 나이로비까지 300킬로미터를 운전해서 가야 했다. 그래서 국제전화는 연례행사가 되었다.

선교지에 간 첫해에 성탄절과 새해를 앞두고서 인사를 드리기 위해, 나이로비로 가서 한국으로 국제전화를 걸었다. 한 통화 3분에 약 3만 원을 지불해야 했기 때문에, 전화를 걸기 전에 해야 할 말을 요약하고 암기해서 빠르게 의사소통을 해야 했다.

나는 1988년에 장로회신학대학원에 입학한 후 1991년 가을에 아프리카로 나오기 전까지 강북구 미아동의 송천중앙교회(현 샘물교회)에서 중고등부 학생들을 지도하는 전도사로 일했다. 그날이 한국을 떠난 지 3개월째 되는 날이어서 우선 부모님께 전화해 인사를 드린 다음, 송천중앙교회에서 함께 고등부 사역을 했던 이강용 부장집사님하고도 통화하기로 했다.

아프리카에서 고국으로 전화하는 일은 흥분된 일이다. 그리운 사람들의 근황을 들을 수 있기 때문이다. 그래서 전화가 걸리는 신호음이 울리기 시작하면 가슴이 뛰기 시작한다. 고국의 소리를 들을 수 있다는 흥분과 함께, 비싼 전화비를 줄이기 위해 2분 59초 안에 하고 싶은 말을 요약해서 빨리 말해야 하는 것도 가슴이 뛰는 이유였다. 심장이 뛰게 하는 신호음이 들린 후에, 상대방이 '여보세요'라고 말하면 '아프리카의 이은용 선교사입니다'라고 재빨리 나의 신원을 밝힌 후에 본론을 전달했다. 이강용 집사님은 함께 사역했던 동료 교사들의 결혼 소식과 대학 입시를 치른 고3 학생들의 이름을 일일이 나열하였다. 나는 말할 틈도 없이 3분이 가까워졌다. 한국에 계신 분들은 아프리카에서 국제전화를 거는 일이 얼마나 어려운지 알 리가 없고, 전화비가 비싼 것도 알지 못한다. 이 집사님이 들려주신 소식은 물론 반가웠지만, 내 마음은 급해졌다.

선교사의 속이 타들어가는 국제전화를 끝내고 나면, 항상 하지 못한 말이 생각나서 아쉬움과 그리움이 더해진다. 하나님께서는 우리의 기도를 통해 소통하시면서, '우리가 짧은 시간 동안 급히 우리 할 말만 하는 것을 보시고 얼마나 아쉬워하실까?' 하는 생각을 했다. 아쉬운 국제통화를 하면서, 하나님과 좀 더 구체적이고 진지하게 소통해야겠다고 생각했다.

선교사들의 소통과 나눔

광야 생활을 하는 선교사들에게 식량 구입과 보관은 생존을 위해 너무나 중요한 문제이다. 다른 선교사들과 공동생활을 하는 경우라면 더 어려워진다. 나는 사역 초기에 나이로비에서 먼 광야에 있는 선교본부에서 여러 선교사들과 함께 살고 있었기 때문에 식사 문제는 특히 쉽지 않았다. 식재료를 사기 위해 일주일에 한 번 300킬로미터를 운전해서 나이로비를 다녀와야 했다. 장을 보려면 그렇게 먼 길을 다녀와야 하므로 식량을 규모 있게 관리하면서 일주일을 버텨야 했다.

식자재는 주로 감자와 양파와 양배추 등 저렴하면서도 상하지 않는 야채류를 샀다. 아침 식사를 위해선 식빵과 땅콩버터와 과일잼을 샀다. 식빵은 아침에 1인당 두 쪽을 배급했다. 하지만 4-5일이 지나면 남은 식빵에 곰팡이가 피기 시작하였다. 그래서 일주일에 하루나 이틀은 식빵에서 곰팡이 난 부분을 떼버리고 먹었다. 그런데 한국에서 온 신임 선교사가 그걸 몰라서, 식빵에 곰팡이가 피었다고 소스라치게 놀라며 봉지째 쓰레기통에 쑤셔 넣는 일이 있었다. 이를 본 선배 선교사가 음식을 버렸다고 한마디 했다. 그러자 "어떻게 곰팡이 난 음식을 먹느냐?"고 항의하였다. 큰소리로 다툰 것은 아니지만, 모든 선교사들이 침묵하며 무거운 마음으로 그 상황을 지켜보았다. 양쪽의 행동이 다 이해되었기 때문이다. 선교사들끼리만 있는 곳이라 해도, 다들 사람인지라 생각의 차이와 갈등이 아주 없을 순 없다. 선교사가 말과 행동으로 생각을 잘 소통하는 것이 중요한 이유이기도 하다.

그러던 어느 날 새벽 5시, 우리가 살고 있던 집의 물 창고에서 소리가 났다. 그 창고는 왕복 50킬로미터를 운전해 길어온 물을 보관하는 곳이었다. 무슨 일인가 싶어 나가보니, 지난 2년간 단기선교사로 와서 봉사하던 김창국 형제가 물통을 지고 밖으로 나가는 소리였다. 김창국 형제는 그날 저녁 한국행 비행기를 타기로 돼 있었다. 그런 날인데, 수원지에 다녀오려고 아직 동이 트기도 전에 일어난 것이었다. 자기가 떠나기 전에, 광야에서 금처럼 여기는 물을 일주일치라도 길어와 함께 일했던 동료들에게 선물하기 위함이었다. 젊은 청년이 아프리카 광야에서 고생하다가 한국으로 돌아가는 기대감에 부풀어 한시라도 빨리 떠나고 싶었을 텐데, 가는 날까지 동료에게 유익이 되는 일을 하려는 그 형제의 헌신을 보고서, 나는 선교사의 자세를 제대로 배울 수 있었다.

김창국 형제는 대학을 졸업한 후에 인생의 황금기 2년을 '날연보'(day offerings)한 청년이다. 교회의 재정 후원 없이 선교 현장에 와서 그저 몸으로 봉사했다. 하나님의 공급하심만 바라보며 믿음 선교를 했던 것이다. 그는 1불도 100불처럼 여기고 아끼면서 2년을 살았다. 그런 그가 한국으로 돌아가기 얼마 전에 친구로부터 "여비에 보태 쓰라"는 간단한 문구와 함께 200달러를 받았다고 기뻐하였다. 그런데 한국으로 떠나던 그날, 그가 최초로 받은 선교 후원금 200달러를 고스란히 우리 가족에게 헌금하였다. 나와 아내는 그에게 받은 돈을 들고서 잠시 침묵하였다. 우리는 그의 '공격적 헌금'을 보면서 사도행전에 나오는 초대교회 성도들의 나눔을 생각하였다. 나눌 수 있는 여유는 주님의 사랑 때문에 생긴다. 나는 사도행전 2장과 4장을 읽을 때마다 김창국의 나눔을 기억하고, 그 안에서 역사하신 성령님을 기억할 것이다.

우리 선교부에서 함께 일하는 사람 중에 필리핀에서 온 로욜라라는 자매 선교사가 있었다. 우리 선교회가 운영하던 유치원 교사로 사역했던 그녀는 광야의 어린이들을 사랑하는 사람이었다. 유치원은 아침 9시에 시작하는데, 마사이 아이들은 동이 트자마자 우리가 살고 있는 선교본부로 와서 학교가 시작하기까지 기다렸다. 유치원을 책임진 로욜라는 이 아이들의 손을 잡고 나무 교실로 들어가 아이들을 가르쳤다. 광야 아이들을 사랑으로 가르치는 로욜라의 모습을 볼 때마다 너무나 아름답다고 생각했다.

우리 부부는 필리핀에서 왔기 때문에 선교 후원이 전혀 없는 로욜라에게 김창국이 헌금한 200불의 모델을 따라 매월 200불씩 후원하기로 결정하였다. 사랑의 나눔이 있는 곳에 하나님께서 계신다는 걸 실천을 통해 발견하고 싶었기 때문이다. 우리의 나눔 운동이 아프리카와 열방으로 퍼져나가기를 소망했다.

공격적 헌신의 열매

"혹시 이 목사님 아니십니까?"

최근에 방문한 나이로비 국제공항에서 훤칠하게 생긴 흑인 청년이 내게 물었다. 아프리카에서 나를 알아보는 공항 직원을 나는 도저히 알아볼 수 없어서 어리둥절했다. 그는 나에게 "나는 렐레초등학교 출신 나단 옴바티(Nathan Ombati)입니다"라고 자신을 소개했다. 18년 전에는 코흘리개 어린아이였으니, 내가 기억하지 못하는 것이 당연하다는 말을 그는 덧붙였다.

우리 가족은 1992년에서 1994년까지 3년간 렐레 마을에 살 때,

후원 교회로부터 받은 자동차 구입비를 몽땅 헌금해 초등학교를 건립한 일이 있다. 자동차 구입비를 받은 후 여러 날 동안, 우리는 기쁘고 설레는 마음으로 탈 만한 자동차를 찾아다녔다. 그러나 하나님께서는 우리에게 재정 사용의 우선순위에 대해 말씀하셨다. 자동차를 사는 것보다, 마사이 원주민 아이들을 위해 초등학교를 먼저 건립하라는 마음을 주셨다.

우리는 자동차 구입비로 건축 자재를 구입해 교실 4개와 교무실 2개를 완성했다. 이렇게 완성된 교실에서 마사이 아이들 200여 명이 초등학교 교육을 받았다. 이 학교 학생들은 모두 소똥으로 지은 집에서 사는 아이들이다. 매일 아침 소똥 집에서 눈을 뜨자마자 학교로 달려오는 아이들을 보면서, '이 아이들이 커서 과연 무엇이 될까?' 하는 상상을 가끔 하였다. 하지만 그림이 그려지진 않았다. 그런데 18년이 지난 그날, 나는 마사이 오지의 렐레초등학교를 졸업한 다음 건장하게 성장하여 벨기에항공의 직원이 된 나단 옴바티를 나이로비 국제공항에서 만난 것이다. 그날 공항에서 나단이 내게 해준 일은 아무것도 없었다. 하지만 그를 보는 내 마음에는 벅찬 감격과 함께, 말로는 도무지 설명하기 힘든 자부심과 감사가 넘쳐흘렀다.

나는 자동차를 구입하지 못하여 오랫동안 불편한 생활을 감수해야만 했다. 물질적으로 손해본 것이 분명한데, 나단을 만난 다음 가슴 깊은 곳에서 솟아 오른 영적인 기쁨과 감사는 무슨 말로도 표현할 수 없었다. 그 이유는 무엇이었을까? 선교사는 자신에게 있는 물질을 공격적으로 헌금하여 사람을 살리고 그들을 성공시키는 일에 사용할 때 최대의 기쁨과 감사를 경험하게 된다는 것을 새삼 느낀 것이었다.

우리 가족은 렐레 마을에서 3년간 광야 생활을 하면서 렐레초등학교 건립을 위해 '공격적인 헌신'과 '몽땅 헌금'을 했다. 바나나를 재배하기 위해 힘든 농사도 했다. 우리 부부는 그렇게 3년의 광야 생활을 한 다음 렐레 마을을 떠났다. 그러나 놀랍게도 우리의 이름은 그곳에 남아 있었다.

렐레 출신으로 일본 대사를 지낸 제미니 레켄(Lecken)이 우리에게 이렇게 말한 적이 있다.

"당신은 우리 마을을 떠났지만, 우리 마을 사람들의 머릿속에, 그리고 우리의 역사 가운데 당신의 이름이 기억되고 있습니다. '리 바나나 숲'(Lee's Banana Forest)과 '리 초등학교'(Lee's Primary School)가 우리에게 남아 있거든요."

나는 선교사가 현지인들과 살면서, 그들을 위해 무엇을 남길 것인지를 생각하고 일해야 한다고 강조하고 싶다. 선교사는 창조주 하나님의 모델을 본받아, 창조적인 사역의 밑그림을 그리면서 생활하고 사역해야 한다.

08 | 아프리카 동식물의 교훈

광야의 바나나밭

나는 마사이 렐레 마을 중앙에 바나나 나무 230그루를 심었다. 광야에서 하는 바나나 농사는 생각보다 어려운 일이었다.

첫째, 딱딱한 땅을 기경하는 것이 어렵다. 우리는 230그루의 바나나 묘목을 심기 위해 오랜 시간 손에 물집이 잡힐 정도로 땅을 팠다. 하루 종일 일하고 나면 저녁에는 파김치가 되어 금세 곯아떨어지곤 했다.

둘째는 광야에서 물을 구하기 어렵다. 우리는 바나나밭에 물을 주기 위해 선교부 뒤에 있는 산에서부터 수백 미터의 파이프를 연결하였다. 파이프를 땅에 묻기 위해 딱딱한 땅을 파는 일은 아주 힘들었다.

셋째는 바나나밭을 관리하는 일 자체가 어렵다. 바나나 묘목을 심은 다음엔 하루에 두 번 물을 주어야 했다. 바나나 한 그루에 양동이 4개 분량의 물을 주려면 하루에 거의 1000번이나 물을 날라야 했다. 거의 4시간을 노동해야 모든 바나나 나무에 물을 줄 수 있었다.

아프리카에서 바나나는 흔한 과일이어서 가격도 저렴하다. 그런데 선교사인 내가 왜 굳이 바나나를 경작하려고 많은 시간과 노동력을 사용해야 했을까? 내가 비경제적이고 힘든 바나나 농사를 지은 것에는 분명한 이유가 있었다. 선교사는 개척자이면서 동시에 개혁가이다. 전통적으로 농사는 안 된다는 고정관념을 가지고 있는 마사이 원주민에게 농사가 된다는 것을 증명해 보이기 위해 직접 바나나 농사를 지은 것이다.

광야에 심은 바나나 나무를 살리기 위해 아침저녁으로 하루에 4시간씩 물을 주는 일은 선교사로서 내 삶의 일부가 되었다. 1년간 바나나 나무에 투자한 시간과 정성은 농사를 지어본 농부라야 충분히 이해할 수 있을 것이다. 나는 바나나 나무를 사랑하는 마음으로 매일 물을 주면서, 렐레 마을의 농업 혁명을 꿈꾸었다. 바나나 농사를 지으면서 노동의 가치와 자연 사랑을 또한 배웠다. 1년간 열매를 기다리며 열심히 노동하는 동안 인내를 배우기도 했다. 나는 값비싼 노동력을 제공하고 값싼 바나나를 얻으면서, 마사이 원주민을 향한 선교의 정신까지 배웠다.

바나나 농사의 하이라이트는 아무래도 열매를 수확하는 일이다. 광야의 거친 바람을 막는 넓은 잎도 중요하고 황량한 들판을 아름답게 하는 푸른 나무도 좋지만, 중요한 것은 역시 열매다. 1년간 농사한 후에 성장한 바나나 나무는 세 종류로 구분되었다.

첫째는 잘 자라서 탐스럽게 통통해진 열매와 많은 묘목들을 허리에 찬 나무들이다. 이런 나무들을 볼 때면 마음이 흡족하였다. 선교 현장에서 받는 노동의 스트레스를 극복하고 샘솟는 기쁨을 느꼈다.

둘째는 1년간 열심히 자라서 모양은 첫째의 나무와 비슷하지만, 건강하지 못하고 열매는 빈약한 경우이다. 그래도 멀리서 보면 광야에 녹색 물결을 제공하기 때문에 괜찮아 보인다.

셋째는 농부의 수고를 헛되게 하는 이기적인 나무이다. 열매는 물론 묘목도 번식시키지 못하고 기둥만 삐죽 커버린 얌체다. 나는 이런 나무들을 볼 때마다 실망한다. 당장 잘라버리고 싶은 마음이 하루에도 여러 번 일어나지만, 그동안 준 물이 아까워서라도 잘라버리지 않고 계속해서 물을 준다. 혹시 조금 더 기다리면 열매가 나오지 않을까 하는 막연한 기대감 때문이다.

나는 바나나 나무를 통해 농부 되시는 아버지의 마음을 배울 수 있었다. 이 일은 마사이 원주민 선교사역에도 큰 유익이었다. 지속적으로 물질을 요구하면서 자기만 삐죽 자라려는 원주민들을 보면 당장이라도 이 마을을 떠나고 싶었다. 그러나, 언젠가는 잘 자라나 바나나처럼 통통한 열매를 맺는 사람이 될 것이라는 기대를 품고서 인내할 수 있었다.

주님께서는 이 땅에서 33년을 사시면서 '삐죽이 바나나' 같은 우리를 '통통이 바나나'로 만드셨다. 그래서 나 역시 예수 그리스도의 정신을 가지고서 원주민들이 삐죽이에서 통통이로 변화되는 날을 기대하며, 바나나밭에 열심히 물을 준 것이다.

개미에게 배우라

늦은 밤에 멀리 떨어져 있는 화장실을 다녀오면서 손전등에 비친 개미 떼의 이동을 종종 볼 수 있었다. 거대해진 개미떼가 먹이 덩어리를 물고서 일렬로 행군하는 모습이었다. 자세히 보니, 먹이 덩어리는 다른 종류의 개미떼였다. 야밤에 다른 개미의 집을 습격해 먹이를 약탈하고, 다른 개미들을 통째로 잡아먹는 것이었다.

동물의 세계에서 먹이사슬은 우리에게 잘 알려진 사실이지만, 개미들의 세계에서 일어난 한밤의 전쟁에서 검은 개미들이 약탈하는 모습을 보고서, 내 마음에 분노와 증오가 생겨났다. 나쁜 검은 개미 자식들 같으니라고…!

'우리는 검은 개미같이 다른 동료들의 것을 빼앗는 삶을 살고 있지 않는가' 하는 생각을 했다. 하늘 아버지께서 검은 개미 같은 삶을 사는 우리를 어떻게 생각하고 계실까?

아프리카 광야를 여행하다 보면 개미가 만든 성(termite hill)을 흔히 볼 수 있다. '광야에 우뚝 솟은 개미성 아래에는 무엇이 있을까?' 문득 궁금해져서 개미성을 단면으로 잘라본 적이 있다.

땅속으로 이어지는 개미성에는 수많은 방이 있다. 유아의 방, 청소년의 방, 전사 개미의 방, 일꾼들의 방, 채소 저장 창고, 육류 저장 창고 등이다. 특별히 궁전 가장 낮은 곳에 위치한 로열 층에는 수많은 전사 개미들이 지키는 여왕개미의 방이 있다. 여왕개미가 거주하는 로열 층은 습도가 적당히 조절돼 어린 유충이 살기에 적합한 곳이다. 사람이 작렬하는 태양으로 타들어 가는 광야에서 물을 얻으려면 무려 250미터를 파야 하는데, 불과 2-3미터 아래에 축축한 흙이 있다는 건 신비한 일이다.

개미성에 여왕이 없으면 개미 왕국은 멸망하고 만다. 여왕개미가 종족 번식의 주체이기 때문이다. 그래서 여왕개미가 없으면 개미 시민도 개미 왕국도 없다. 빈 흙기둥만 남게 되고, 뱀의 소굴이 되고 말 것이다. 그런데 전사 개미나 일개미나 모두 여왕의 자식들이다. 마찬가지로, 왕이 없는 왕국은 없다.

개미성을 보면서, 교회와 가정에는 영존하시는 왕이신 예수가 가장 로열 층에 좌정하고 계셔야 한다는 생각을 했다. 개미 궁전의 모체가 여왕개미이듯이, 교회의 모체는 예수 그리스도이셔야 한다. 교회에는 예수님이 최우선이어야 하고, 그 다음에 행정력, 프로그램, 지식, 교제, 재정이 있어야 한다.

영혼의 집을 튼튼하게 건축하자

어느 날 이른 새벽에 마당에서 주의 말씀을 읽고 있는데,

몇 마리의 새들이 바로 내 앞까지 와서 풀을 뜯어가는 모습을 볼 수 있었다. 자세히 관찰하니, 새들은 단단한 풀 줄기를 물고서 날아가 나뭇가지 끝자락에 집을 짓고 있었다. 추락하지 않으려고 결사적으로 날갯짓을 하면서, 공중으로 부양하여 부리와 새 다리로 나뭇가지 끝에 풀을 엮었다. 가지 끝에 집을 짓는 이유는 뱀과 다른 짐승으로부터 새끼를 보호하도록 하나님께서 새들에게 주신 지혜이다.

이른 아침부터 부지런한 새들을 보면서, 나는 내 영혼의 집을 지혜롭게 건축하기 위해 얼마나 노력했는지 생각해보았다. 나의 내면의 집은 허물어져 가는데, 겉으로 보이는 집만 번듯하게 유지하고 있지는 않은가?

사도 바울은 내면에 튼튼한 영혼의 집을 지어 놓았기 때문에 그리스도의 일꾼으로서 수고를 넘치도록 하고 옥에 갇히기도 많이 하였다. 매도 수없이 맞고 여러 번 죽을 뻔하고, 유대인에게 사십에 감한 매를 다섯 번이나 맞고 세 번 태장을 맞았다. 한번 돌에 맞고 세 번 파선했는데, 일주일의 주야를 깊음 가운데서 지냈다. 강의 위험과 동족의 위험, 이방인의 위험과 시내의 위험, 광야의 위험과 바다의 위험, 그리고 거짓 형제들 사이에서 위험을 여러 번 당했다. 또한 수고하며 애쓰고, 자지 못하고 주리고 목마르며, 춥고 헐벗는 고통을 견뎠다. 나도 바울과 같이 내 영혼의 집을 튼튼히 지어야겠다는 각오를 새롭게 했다.

가시나무 새의 지혜

우리가 살던 집 앞에 커다란 가시나무가 있었다. 가시나무 가지 끝자락에는 새집(birdhouse)이 많았다. 가시나무가 새들의 아파트인 셈이다. 어느 날, 나는 새 집(new nest)을 짓고 있는 가시나무 새들을 관찰하였다. 이들이 가지고 있는 재료는 풀잎뿐이다. 건축 장비는 가느다란 다리와 뾰족한 부리와 날개이다.

어미라고 보기에는 너무나 작은 가시나무 새가 부지런히 창공을 날아다녀서 광야의 풀을 잘라 왔다. 마른 풀을 자를 때는 부리에 마른 풀을 감은 다음 혼신의 힘을 다해 잡아당긴다. 사투 끝에 얻은 한 자락의 풀을 물고서, 또다시 창공을 날아서 미래의 보금자리가 될 가시나무로 돌아오는 것이다. 나는 가시나무 새가 잘라 온 풀을 가시나무 가지에 어떻게 엮는지 보고 놀랐다.

첫째로 놀란 것은, 가시나무 새가 풀잎을 가시나무 가지에 묶기 위해 허공에 떠서 빠른 속도로 날갯짓을 하는 과정이다. 떨어지지 않으려고 수없이 날개를 흔들며, 부리와 조그만 발을 이용해 첫 풀잎을 엮는다. 이런 과정을 여러 날 동안 되풀이하여 보금자리를 완성하는 것이다. 그런 다음 이곳에 알을 낳고 품었다가, 부화한 새끼들을 키운다. 나는 가시나무 새들을 보면서, 하늘 아버지께서 새들에게 주신 지혜에 감탄하였다.

둘째로 놀란 것은, 가시나무 새가 아래의 가지에서 위의 가지로 이동할 때 반드시 한 계단씩 천천히 조심스레 이동하는 모습이었다. 만일 급히 날아서 이동한다면 날개가 가시에 찢길 것이다.

나는 자신의 보금자리를 만들기 위해 전력을 다해 일하는 가시나무 새들의 지혜를 보면서, 하나님의 창조 신비를 깨달았다. 새로운 한 해를 계획할 때는 그 새들에게서 지혜를 얻기도 했다.

응고일레 마을에서 살 때, 처음엔 새들의 소리가 소음 같았지만, 오히려 학습과 독서에 도움이 되기도 하였다. 나는 책을 읽을 때 소음에 민감했는데, 창밖에서 들려오는 새들의 소리가 언젠가부터 듣기 싫은 소음이 아니라 위대하신 하나님께서 창조하신 새들의 아름다운 노랫소리로 들렸다.

하루는 이른 새벽에 책 읽기를 중단하고 눈을 감고서 새들의 노랫소리에 귀를 기울였다. 수많은 새들이 각기 다른 음색(音色)으로 하나님을 찬양하고 있었다. 새들은 저마다 '하나님의 악단'이 되었다. 어떤 새는 낮은 음조로, 어떤 새는 높은 음조로, 어떤 새는 빠른 템포로, 어떤 새는 느린 템포로 노래했다.

새들은 밝은 시간에만 노래한다. 하나님께서 밤은 사람들이 안식하는 시간이니 그때는 큰 소리로 다른 생명체를 괴롭혀선 안 된다고 새들에게 명령하신 듯하다. 늦은 밤에 술에 취해 소리 지르며 고요한 밤을 파괴하는 인간들에 비하면, 새들은 얼마나 고상하고 하나님의 질서를 존중하는 피조물인가? 아프리카 광야에서 이렇게 귀한 새들을 만날 수 있어서 기분이 좋았다.

닭들이 준 교훈

우리가 기르는 닭을 유심히 관찰하던 어느 날, 커다란 수탉 한 마리가 다른 수탉을 따라다니며 괴롭히는 장면을 목격했다. 마침 닭을 잡을 일이 있던 차에, 다른 닭들을 괴롭히던 그 수탉을 잡았다. 이제는 우리가 기르는 닭들에게 평화가 오리라고 생각하였다. 그런데 다음날 새벽에 마당으로 나가보니, 죽은 수탉에게 고통당했던 수탉이 자신을 괴롭히던 수탉처럼 다른 닭들을 따라다니며 괴롭히는 장면을 목격하게 되었다. '개구리 올챙이 시절을 잊어버린 행동'을 하는 그 수탉을 보면서 덜된 인간의 모습을 보는 것 같았다.

예수 그리스도는 항상 약자 편에 서셨다. 버림받고 소외된 사마리아 여인에게 먼저 손을 내밀어 구원의 복음을 전하셨다. 눈먼 바디매오를 긍휼히 여기셔서 눈을 뜨게 하여 세상을 볼 수 있도록 하셨다. 모든 사람에게 왕따 당하던 세리의 집을 찾아가 함께 먹고 마시며 교제를 나누셨다. 38년간 일어나본 적이 없던 앉은뱅이를 일으켜 걷게 하셨다. 8년 동안 침상에서 누워 지내던 중풍 병자를 고치셨다. 12년 동안 혈루병에 걸려 가족과 마을 사람들로부터 완전히 격리된 생활을 했던 여인을 고치셨다. 항상 약자를 불쌍히 여기시고 온전하게 회복시키셨다.

선교사는 못된 수탉처럼 힘 자랑이나 하며 약한 자를 공격해선 안 된다. 예수님의 마음으로 약한 현지인들을 고치고 사랑하고 성공시키는 일에 전념해야 한다.

하루는 아침에 잃어버린 암탉을 찾아 선교본부 전체를 뒤지고 다녔다. 지난밤에 광야의 들짐승이 물어갔을까? 대머리독수리가 물어갔을까? 아니면 창숙이(우리가 키우던 개)가 먹어버렸을까? 괜히 창숙이 입에 붉은색이 묻어 있는 것처럼 보였다. 창숙이에게 "네가 먹었느냐"고 물어볼 수도 없어 난감한 상황이었다.

그 암탉은 먹거리가 귀한 광야에서 생활하던 우리에게 먹음직도 하고 보암직도 한 달걀을 늘 제공해주던 고마운 닭이었다. 우리는 암탉을 포기할 수 없어서 선교본부 구석구석을 찾아다녔다. 한참을 찾아다닌 끝에, 물탱크를 올려놓기 위해 쌓아 올린 벽 사이에서 암탉의 울음소리를 들었다. 조심스레 안쪽을 들여다보니, 그 암탉이 앉아 있는 틈 사이로 하얀 달걀이 언뜻 보였다. 병아리를 까기 위해 벽 틈에 숨어서 알을 품고 있던 것이다.

암탉은 마치 다니엘이 21일 동안 작정하고 금식하며 기도했던 것처럼, 먹지도 움직이지도 않고 인내하면서 21일 동안 알을 품었다. 생명 번식을 위해서였다. 그렇게 희생의 시간을 보내는 암탉을 보면서, 나도 생명 창출을 위해 최선을 다하는 선교사가 되어야겠다고 결심하였다. 잃었다가 찾은 암탉을 통해, 선교사도 희생 없이는 생명을 구원할 수 없다는 교훈을 얻었다.

09 | 멈출 수 없는 하나님의 선교

영혼의 소풍

가난했던 나의 어린 시절을 생각해보면 소풍 가는 날은 '가슴 설레는 큰 기쁨의 날'이었다. 학교에서 소풍 계획이 발표되는 순간, 학우들은 '야호' 하며 일제히 환호성을 지르곤 했다. 소풍 가는 날에 비가 내리면 그렇게 야속할 수 없었다.

코로나 이전인 2019년에 한국인이 해외여행을 하는 숫자가 2,871만 명을 넘었다고 발표되었다. 가난했던 한국을 생각하면 꿈 같은 일이 현실이 된 것이다. 여행을 떠난 사람들은 미지의 세계로 가는 일을 설레는 마음으로 준비했을 것이다.

그렇다면, 선교사인 내게 가슴 설레는 소풍 같은 사건은 무엇인가? 아프리카 선교사로 32년을 사역하면서, 틀에 박힌 생활을 할 때는 영혼 구령의 열정을 잃어버리지는 않았는지 생각해보았다.

예수 그리스도의 제자는 '부활의 증인'이 되어야 한다(행 1:22). 부활을 증거하기 위해 생명을 걸고, 복음을 듣지 못한 사람들을 찾

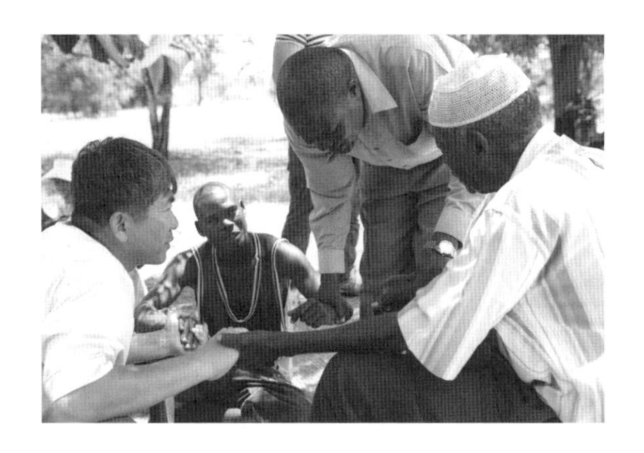

두루마 부족 이슬람 교도의 예수 영접
무슬림이었던 사람의 손을 잡고서, 예수님을 구주로 영접하는 기도를 같이 드리는 모습.

아가야 하는 것이다. 소금이 짠맛을 잃어버리면 쓸모없는 쓰레기가 되어 밖에 버려져 사람들에게 밟히게 되듯, 선교사가 예수의 부활을 증거하지 않으면 틀에 박힌 종교 기능인으로 전락해버린다.

우리 가족이 아이들의 여름방학을 맞이한 2013년 8월 7일에서 14일까지 일주일 동안, 예수의 부활을 증거하기 위해 남부 케냐의 해안 지방인 쿠알레(Kwale)로 가슴 설레는 영혼의 소풍을 떠났을 때 일이다. 쿠알레 지방에 살고 있는 디고(Mdigo) 부족을 방문했는데, 그 부족의 80퍼센트 이상이 이슬람 교도였다. 섭씨 40도의 찜통 속에서 축호전도를 다니다 무에루(Mueru)라는 77세의 노인을 만났다. 그는 평생 무슬림으로 살아왔다. 나를 만나지 않았으면 복음을 듣지 못한 채 세상을 떠났을 수도 있었는데, 그날 복음을 듣고서 예수를 영접하였다. 무에루가 예수를 영접하자, 그의 가족 10명도 다 예수를 영접하였다. 우리 가족은 영혼의 소풍을 하며 복음을 전하면서, '하늘 아버지의 미소'를 볼 수 있어서 행복하였다.

하마 곁에서 한 세례식

1999년 1월의 마지막 주일예배는 케냐의 수도 나이로비에서 100킬로미터 정도 떨어진 나이바샤(Naibasha) 호숫가에서 드렸다. 세례식을 인도하기 전에, '거인 다윗과 난쟁이 골리앗'이라는 제목의 설교를 통해 하나님을 의지하는 '다윗이 진짜 거인'이고, 자신의 힘만 의지한 덩치 큰 '골리앗은 종이 거인(paper giant)'임을 강조했다. 그날 세례받는 사람들은 모두 다윗같이 하나님을 평생 의지하는 영적 거인으로 거듭나는 삶을 살도록 당부했다. 설교 후에 9명의 신자들이 세례를 받게 되었다. 현지인 수백 명은 호수 주변에서 엄숙한 자세로 세례식을 지켜보았다.

나는 세례를 집례하면서, 가끔 내 바로 오른쪽에서 일광욕을 하고 있는 몸덩이 1,500킬로그램의 진홍색 하마를 쳐다보았다. 하마는 사람을 잡아먹지는 않지만, 화가 나면 공격하여 커다란 입으로 물 수 있다. 그래서 호수의 제왕인 하마를 노엽게 하면 큰 봉변을 당하게 된다. 나는 하마 쪽을 바라보며 가슴이 두근거렸고, 새롭게 태어나는 9명의 세례 교인을 보면서도 두근거렸다. 합해서 두 배로 흥분된 세례를 집례하며 하나님께 감사드렸다.

세례를 베풀면서 바로 옆에 있는 하마를 보고, 호수에서 고기 낚는 어부를 보고, 위로부터 내리는 성령의 강림도 경험하는 특이한 세례식이 세상 어디에 있을까? 예수님 때문에 나는 세 배나 복을 받았다. 하마를 보고 호수의 고깃배를 보고, 성부, 성자, 성령의 이름으로 현지인에게 세례까지 베풀지 않았는가! 동시에 이 세 가지를 할 수 있는 내가 몹시 행복하다는 생각이 들었다. 나는 하마처럼 입을 열고 큰 웃음을 터뜨렸다. "하하하!"

빈대 군사를 물리쳐라

1999년 북부 케냐 지방 체렝가니 산에 도착했을 때, 세상 모든 어두움을 밝히던 해는 서산으로 내려가 버렸다. 만물은 조용히 안식에 들어갔다. 창조주 하나님께서 해님을 거두어 가신 후에는 체렝가니 산 위에 별들을 뿌려 놓으셨다. 별들은 몸을 흔들어 반짝반짝 빛을 내며 여호와의 영광을 찬양하는 듯했다. 병풍 따위에 수놓은 그림과 비교되지 않는 밤의 풍경화 앞에서, 나는 희열에 차서 여호와의 영광을 찬양하였다. 산 마을의 아이들은 내 앞에 모여 찬양을 시작하였다. 자신들의 부족어와 공용어로 드리는 찬양은 오랜 시간 계속되었다. 이때 하나님께서 나에게 말씀하셨다.

"네가 1984년에 서울의 한 쪽방에서 드린 기도를 내가 듣고 기억하고 있노라. 그래서 오늘 내가 너를 이곳에 보냈노라".

나는 온몸에 전율을 느꼈다. 하나님의 사랑을 생각하고서 흐느꼈다. 나는 내가 드린 기도를 잊어버릴지라도, 아버지께서는 나의 기도를 들으시고 기억하고 계신다.

몇 시간이나 악기도 형식도 없는 찬양의 제사가 끝난 후에, 나는 현지인들이 창고로 사용하던 쪽방으로 인도되었다. 창고에 조그마한 간이침대를 놓고 선교사를 맞이한 집주인은 얼굴이 다소 상기되어 보였다. 자신의 창고 쪽방에 외국인 선교사가 와서 유숙하게 될 것을 생각하지 못했던 집주인은 나에게 성냥갑을 하나 주었다. 호롱불도 준비하지 못하고 성냥갑만 전해주는 주인의 얼굴에 미안한 표정이 역력하였다.

피곤한 몸을 간이침대에 맡긴 지 몇 분이 지났을까? 갑자기 온몸이 따끔거렸다. 성냥을 켜보니 빈대가 나의 몸에 까맣게 붙어 피를 빨고 있었다. 나는 가난했던 어린 시절에 다다미방에서 생활하였다. 그때도 수많은 빈대들이 밤만 되면 다다미 사이에서 기어 나와 우리 가족을 공격했던 적이 있다. 성냥불을 비쳐가며 오랜만에 보는 빈대들을 서너 마리 잡아 죽이자 불이 꺼져버렸다. 그리고 몇 분 더 간신히 눈을 더 붙이고 있자니, 수많은 '빈대 군사'들이 또 공격하였다. 아마도 외국인의 고기 맛이 좋았던가 보다. 내가 자기 동료들을 죽이는 것을 보면서도, 생명을 걸고서 무차별 공격을 감행하였다. 결국 나는 미물의 공격에 항복했다. 자동차로 피신해 쪽

잠을 자는 신세가 되었다. 그렇게 밤새 잠을 설치며 '빈대와의 전쟁'을 치를 때, 하나님께서는 나에게 이 포콧(pokot) 부족에게 복음을 전하라는 새로운 임무를 주셨다.

마귀야, 너 상대 잘못 골랐다

내가 케냐 북부 지방에 거주하는 포콧 부족을 위해 기도한 것은 1984년 아프리카를 위한 중보기도모임에 참석했을 때 국제예수전도단 소속 평신도 선교사의 선교 보고를 들었기 때문이다. 포콧 부족으로 전도여행을 다녀온 그는 빛바랜 흑백사진을 한 장 보여주었다. 복음을 듣지 못한 채 비참하게 살아가는 그 부족의 모습을 담은 사진이었다. 기도 모임에 참석한 우리는 포콧 부족이 예수 그리스도의 이름으로 구원을 얻는 날이 속히 오기를 간절히 기도하였다. 그후 15년 동안 기도한 것을 잊고 살다가, 포콧 부족이 거주하는 체렝가니 산을 방문해서 빈대 군사들을 만났을 때, 그 기도를 기억해낸 것이다.

나는 1999년에 포콧 부족이 사는 깔레무냥(Kalemunyang) 마을에서 본격적인 포콧 부족 사역을 전개하게 되었다. 포콧 부족의 마을들은 전기도 없고 물도 없는 오지에 있었다. 내가 방문한 깔레무냥 마을 주민은 헐벗고 굶주리고 있었고, 교육을 전혀 받지 못하고 있었다. 여인들은 땔감과 물을 구하기 위해 뜨거운 광야를 헤맸고,

남자들은 가축을 기르기 위해 광야에서 풀을 찾아다녔다. 말라리아, 장티푸스, 콜레라 등 각종 질병으로 언제 죽을지 모르는 이들에게 '소망'이라는 단어는 찾아볼 수 없었다. 나는 이러한 절망의 벽을 부수기 위해, 무엇보다 '그리스도 예수 안에 있는 영원한 소망'을 실현하기 위해 선교사역을 시작하였다.

그러나, 본격적인 선교사역을 시작하자 공중권세 잡은 자의 공격이 만만치 않았다. 전도팀원이 말라리아에 걸려 사경을 헤맨 사건, 산길을 달리던 자동차가 뒤집어진 사건, 술 취한 마을 주민이 분노하여 우리에게 큰소리로 욕설한 사건, 섭씨 40도를 웃도는 살인적 더위 가운데 물을 전혀 얻을 수 없는 오지에서 갈증을 느낀 일, 마른 강에 자동차가 빠져 힘써 밀던 일, 지역의 영을 잡고 있는 무당들의 저주 등이었다. 무엇보다 수차례나 포기하고 싶어하는 나의 유약한 생각은 그런 공격들을 감당하기 힘들게 했다.

위기의 순간마다 사탄은 어김없이 나를 찾아왔다. 나의 귓가에 대고 "아무 연고도 없는 광야의 사람들이 너와 무슨 상관이 있느냐? 그만 멈추라"고 속삭였다. 그때마다 나는 "마귀야, 너는 상대를 잘못 골랐다. 너는 포콧 부족에게 아무런 권세가 없다. 나사렛 예수의 이름으로 명하노니 이곳에서 떠나가라"고 명령하며 영적 전쟁을 치렀다.

깔레무냥 초등학교
포콧 부족이 사는 깔레무냥에 초등학교가 세워졌다.

멈출 수 없는 하나님의 선교

한번은 전도여행을 마치고 나이로비 선교본부로 돌아오는 길에 열대 광야의 스콜을 만났다. 우리가 운전하던 차가 그만 마른 강의 모래 늪에 빠졌다. 폭우로 순식간에 넘친 강물이 발목에서 무릎까지 금세 차오르더니, 허리와 가슴 높이까지 불어나는 것은 순식간이었다. 전도팀은 자동차를 꺼내려고 안간힘을 쓰다가 결국 포기했다.

자동차를 강 한가운데 버려두고 강가로 빠져나오려다, 팀원 가운데 1명이 불어난 물에 유실돼 쓸려가는 상황에 빠졌다. 근처에 있던 아브라함이라는 포콧 사람이 그를 물에서 건져주었다. 그는 장대 같은 비를 맞으며 온몸이 젖어버린 우리를 산등성이에 위치한 자신의 집으로 인도했다. 젖은 옷을 말리라고 장작 불을 피워주는 호의까지 베풀어주었다.

옷을 말리는 동안, 이웃집에 살고 있는 모니카(Monica)라는 여인이 개떡을 가지고 우리를 찾아왔다. 그녀는 지난 수년 동안 우리가 자신들의 마을을 방문하여 학교를 세우고, 자신들의 아이들을 교육하고 있는 것을 감사하고 있다고 말했다. 이런 말로 우리를 위로하기도 했다.

"자동차가 홍수에 떠내려간 것을 너무 슬퍼하지 마세요. 어차피 하나님의 나라에 입성할 때는 놓고 갈 것이 아닙니까?"

나는 모니카의 말을 통해 하나님의 음성을 들었다. 그리고 포콧 부족을 위해서라도 '멈출 수 없는 하나님의 선교'를 포기할 수는 없다는 다짐을 새롭게 하였다.

우리 아프리카 선교사들은 섭씨 40도를 웃도는 열사의 땅에서 물과의 전쟁을 비롯해 말라리아와 각종 열병과의 전쟁까지 치렀다. 먹거리 없는 외로운 광야에서 주린 배를 움켜잡았다. 하지만 이 땅에 그리스도의 푸른 계절이 오기를 고대하면서 인내하며 사역하였다. 그렇게 1999년에 포콧 부족 사역을 시작하였고, 2023년 현재 13개의 교회가 개척되었다. 초등학교와 고등학교까지 설립되었다. 멈출 수 없는 하나님의 선교가 도도히 흐르는 강물처럼 진행되고 있다.

3

전쟁터인 아프리카

A F R I C A

10 생명수를 전하는 수도꼭지

알지 못하는 땅으로 떠나는 희생

나는 1993년 4월 16일부터 20일 사이에 처음으로 에티오피아 구호 사역을 위한 조사 여행을 하였다. 태어나서 처음으로 밟는 에티오피아 땅인지라 호기심도 있었지만, 나와 동행한 필리핀 선교사 게르트루트 로욜라도 초행이어서, 둘 다 미지의 땅에 대한 두려움도 있었다.

우리는 공항에서 1970년대에 러시아가 만든 택시를 탔다. 몇 미터도 못 가고 설 것 같은 택시의 운전사는 우리가 한국 대사관으로 가자고 했는데도 인공기가 걸려 있는 북한 대사관 앞에 우리를 내려놓았다. 나는 아프리카로 나오기 전에 반공 소양 교육을 받았는데, 해외에서 북한 사람을 만나면 납치될 가능성이 있으니 조심하라는 말이 생각났다. 도망치듯 그곳을 떠나 숙소로 돌아왔다.

어디서 남한 사람을 만날 수 있을까 궁리하다가, 수도 아디스아바바(Addis Ababa)의 중국 음식점에 가면 만날 수 있겠다는 생각이 들어 중국식당을 찾아갔다. 건너편에 한국인 같아 보이는 사람이 있었는데, 그가 북한 사람인지 남한 사람인지 구분되지 않았다. 그래도 용기를 내어 말을 걸어보니 이북 말씨를 사용하였다. '아이고, 큰일 났구나' 생각했는데, 그는 이북에서 태어나 남한에서 성장한 대한민국 사람이었다. 더구나 유엔에서 일하는 사람이어서, 나는 그로부터 에티오피아에 대한 정보를 많이 들을 수 있었다.

5일간의 에티오피아 조사 여행을 마치고 케냐로 돌아가는 길에 아디스아바바 국제공항을 통과할 때는 곤혹을 치렀다. 그들은 우리가 입국할 때 신고한 미국 달러의 액수와 모든 영수증을 대조하였고, 나를 밀실로 데리고 들어가 온몸을 수색하였다. 외화 반출 여부를 의심한 것이다. 달러 규제가 심하고 모든 외국인을 의심하는 것으로 보아, 에티오피아가 불안정한 사회라는 생각이 들었다.

우리 가족은 아프리카에서 사역한 초기 3년 동안엔 케냐의 마사이 광야에서 즐겁게 생활하면서 많은 복을 누렸다. 하루 종일 소몰이를 한 다음, 밤에 교회 와서 호롱불 아래에서 글을 배우는 아이들을 가르치는 일은 재미있었다. 하나님께서 만드신 개미들의 전쟁을 보는 것도 흥미로웠다. 우리는 하나님께서 신비하게 창조하신 각종 새들의 '님 기림 찬양'을 들으면서 즐거웠다. 매일 아침 우리가 살던 집 주위를 뛰놀던 기린, 타조, 사슴과 자연을 보면서 마음이 기뻤다.

우리는 귀하신 예수를 전혀 모르는 마을을 다니면서 복음을 전하고, 광야에 양철로 예배당을 지으면서 기뻤다. 문맹과의 전쟁을 선포하고 학교를 건축하기 위해 아내와 함께 산과 강을 다니면서 돌과 모래를 나르면서 기뻤다. 바나나와 옥수수와 각종 야채 농사를 통해 노동과 수확의 기쁨을 맛볼 수 있어서 기뻤다.

우리가 복음을 전할 때, 마사이 원주민들은 수줍어하면서 소똥 위에 철퍼덕 주저앉아 진지하게 복음을 듣곤 하였다. 나는 그들에게 복음을 전할 때마다 나 자신이 영적으로 새 힘을 얻곤 하였다. 오랜 가뭄으로 마을 주민들이 굶주리고 있을 때는 그들과 양식을 나누면서 '나눔의 미학'을 배울 수도 있었다. 나는 그렇게 3년 동안 케냐 광야에서 마사이 부족과 살면서 기뻤다. 그들과 함께 예배하면서, 기도하면서, 주를 찬양하면서 행복했다. 그들이 사는 소똥 집 보마를 찾아다니며 복음을 전하면서 그들의 삶에 익숙해졌고, 그들에게 정이 들었다. 한국을 떠나서 처음 아프리카를 경험한 3년간의 케냐 생활은 나의 생애에서 지울 수 없는 귀한 기억이다.

도시 슬럼 지역에서 새로운 일의 시작

케냐에서 마사이 부족과 함께 생활한 것은 내 삶에 큰 전환을 가져왔다. 나는 원주민 마을의 트럭 운전사로, 돌팔이 의사로, 농부로, 건축 노동자로, 목수로, 수도공으로, 기근을 만났을 때는 양식을 나눠주는 키다리 아저씨로, 무엇보다 '보배이신 예수'를 전하는 선교사로서 마사이 부족과 함께 살았다. 그들과 헤어지면서 에티오피아로 갈 때는 3년 전 한국을 떠날 때 경험했던 것과 전혀 다른 느낌의 슬픔을 맛보았다. 나는 3년 동안의 광야 생활에서 정든 땅과 정든 사람들과 헤어지는 또 다른 이별을 경험하면서, 아브라함과 요셉과 요나처럼 하나님의 뜻에 순종하여 고향을 떠난 수많은 믿음의 선진들을 생각했다.

"믿음으로 아브라함은 부르심을 받았을 때에 순종하여 장래의 유업으로 받을 땅에 나아갈새 갈 바를 알지 못하고 나아갔으며"(히 11:8).

"믿음으로 요셉은 임종시에 이스라엘 자손들이 떠날 것을 말하고"(히 11:22).

"요나가 여호와의 말씀대로 일어나서 니느웨로 가니라 니느웨는 사흘 동안 걸을 만큼 하나님 앞에 큰 성읍이더라"(욘 3:3).

정든 땅과 정든 사람들을 떠나지 못하고 현실에 안주하며 미래를 내다보지 못하는 사람은 새로운 일에 도전하는 것이 불가능하다. 새로운 일은 떠나는 희생을 동반해야 하기 때문이다. 나는 마사이 부족과 함께 살던 정든 땅과 정든 사람들과 헤어져, 에티오피아 땅의 또 다른 사람들과 정을 쌓고 함께 하나님의 나라를 건설하기 시작해야 했다. 그날의 '이별 슬픔'이 내일의 '만남 기쁨'으로 승화되기를 기도했다.

1994년 7월 7일, 우리 가족이 케냐의 정든 땅과 정든 사람들을 떠나 낯선 에티오피아 땅에 도착했을 때 마중나온 사람은 없었다. 현지의 칼레히옷(Kale Hiwot, 암하릭어로 '생명의 말씀'이라는 뜻) 교단의 전도부 총무인 아토 데메세(Ato Demesse)가 아디스아바바 공항에서 우리 가족을 마중 나오기로 약속했는데, 한 시간을 기다려도 나타나지 않았다. 그때 5살이던 고은이와 3살 다은이, 그리고 임신 9개월인 산모가 있는 우리 가족은 공항에서 미아가 되는 줄 알았다.

공중전화를 걸기 위해 어렵게 현지 동전을 바꾸어 사람들이 대기하는 긴 줄에서 기다렸다. 데메세 총무와 어렵사리 통화가 되었다. 그는 천연덕스럽게도 "당신이 도착하는 날이 오늘이었느냐"고 반문하였다. 황당했지만 어쩔 수 없었다. 뜨거운 공항 밖에서 한 시간을 더 기다려 데메세를 만날 수 있었다. 우리 가족이 에티오피아에서 시작한 또 다른 이방인의 삶은 이렇게 시작되었다.

우리는 아디스아바바의 변두리인 젠네바 워르끄(Zenneba Work)라는 도시의 슬럼 지역에 거주하면서 1997년 8월 28일까지 사역하였다. 그곳은 우기가 되면 진입로가 진흙탕이 되어 자동차 바퀴가 빠지기 일쑤였다. 저녁에는 문둥병 환자들이 식량을 구걸하기 위해 집마다 문을 두드렸다.

젠네바 워르끄에서 살 때, 한번은 떼강도를 만나기도 하였다. 내가 한국에서 온 단기선교팀과 함께 3주 동안 에티오피아 오지를 방문하는 전도여행을 하고 집으로 돌아와 골아 떨어졌을 때 일이다. 하루에 18시간 금식하며 기도하면서 사역에 임했기 때문에 내 몸은 지칠 때로 지쳐 있었다. 새벽 3시경, 곤한 잠에 빠져 있는데 막내를 임신한 아내가 나를 흔들어 깨웠다. "여보, 일어나 봐요. 밖에서 이상한 소리가 들려요." 나는 몸을 가누기 힘들 정도라 일어나지 못했다. 아내는 할 수 없이 이상한 소리가 들리는 거실로 나가 보자기로 가려놓은 창을 열어보았다. 시꺼먼 사람 둘이 집으로 들어오기 위해 정과 망치로 벽을 부수는 모습이 보였다. 아내는 놀라서 소리질렀고, 놀란 강도들은 달아나 버렸다. 아내의 비명에 나도 놀라 밖으로 나가보니, 단기선교팀이 가지고 온 짐들과 그들이 벗어놓고 간 옷과 신발 등을 비롯한 모든 것이 사라졌다. 도둑들은 마당에 세워놓은 자동자의 보조 타이어와 차 안의 카세트 박스까지 뜯어가 버렸다.

우리 가족은 이런 도시의 슬럼에서 정착해 살면서 미지의 땅에서 제2의 새로운 선교 사역을 시작하였다. 이 기간에 나는 북부 에티오피아 고잠(Gojam)을 주로 다니며 복음을 전하였다. 그때 고잠에는 외국인이 거의 없었다. 멩기수트 공산정부 시절의 정책에 따라 이슬람 교도인 오로모 부족이 이주하여 이슬람과 에티오피아 정교회가 빈번하게 충돌하는 지역이기도 했다. 깊은 산에는 샤머니즘 주술을 신봉하는 원시 부족이 거주하고 있었다.

수도꼭지 같은 우리 인생

에티오피아에서는 며칠에 한번, 길게는 일주일 또는 열흘에 한번 나오는 물을 놓치면 물 동냥을 다녀야 했다. 그래서 수도에서 물이 나오는 날은 반드시 물통에 물을 채워야 한다. 우리는 새벽 2시에도 물이 나오는 소리가 나면 화들짝 놀라 잠자리에서 일어나 물을 받곤 하였다. 물을 틀어놓고 잠깐 잠들었다가, 잠결에 아내가 이렇게 외치는 소리를 듣곤 하였다.

"여보, 물 넘쳐요. 물 잠그세요."

시원스럽게 쏟아지는 수도꼭지를 보면서 감사한 마음을 가져본 적이 있는가? 하나님께서 우리에게 주신 선물 가운데 가장 큰 것 중 하나가 물이다. 물이 부족하면 우리는 기근과 질병을 만난다. 그런 점에서 물은 생명이다. 수도꼭지는 생명인 물을 전달하는 도구이다.

그리스도인은 영원한 생명을 주시는 주님을 전파할 때 수도꼭지처럼 생명의 도구로서의 진가가 발휘된다. 생명인 시간, 에너지, 그리고 재물을 복음을 전하는 일에 사용하면, 우리 인생은 수도꼭지처럼 참으로 가치있는 삶이 될 것이다. 그래서 에티오피아에서 물이 나오지 않는 수도꼭지를 보면 답답하여 떼버리고 싶은 생각이 들곤 하였다. 그러면서 든 생각이, 우리가 사는 동안 우리 마음의 수도꼭지를 틀고서, 생수를 이웃에게 전달하는 삶을 살아야 한다는 것이었다.

에티오피아는 1980년대 중반에 오랜 기간 비가 오지 않아 심한 기근을 겪었다. 무려 100만 명이 농작물을 얻지 못하고 기아로 죽었다. 지금도 에티오피아는 물론이고, 아프리카 대부분의 나라에서 수많은 사람이 물이 없어 죽어가고 있다. 물이 부족하다 보니,

아프리카에서 살고 있는 선교사들은 '물과의 전쟁'이라는 말을 보편적으로 사용한다. 새벽 2시든 3시든, 물이 나오는 시간에는 물을 받기 위해 몽유병 환자처럼 일어나 물을 받아야 한다. 그리고 당연히 물을 아껴 써야 한다. 아프리카에서 물을 절약하기 위한 우리 가족의 강령은 다음과 같았다.

첫째, 아이들을 목욕시킬 때에는 양동이에 반쯤 물을 채운다.

둘째, 우리 부부는 아이들을 씻긴 물로 차례로 목욕한다.

셋째, 목욕할 때는 물을 세숫대에 받아서, 밥그릇만한 종지를 바가지처럼 사용한다.

내가 오지 전도여행을 할 때, 찌는 듯한 더위와 질병의 두려움에도 불구하고 마음대로 물을 마시지 못하고 긴 시간 동안 갈증을 참아야 할 때, 간혹 '나는 왜 이렇게 불편하고 갈증 나는 아프리카 땅에 있어야 하는가?' 하는 생각을 하곤 하였다.

갈증 못지 않게 힘든 것은 외로움이다. 선교사는 아프리카 현지인들과 친구가 되기 위해 노력하지만, 피부가 다르다는 이유로 소외감을 느끼며 항상 이방인의 삶을 살아야 한다. 나뿐 아니라 나의 아이들도 나와 같이 이방인의 삶을 살아야 한다. 이방인의 삶이 외롭고 힘들 때가 있지만, 도래할 새 하늘과 새 땅을 믿음의 눈으로 바라보기에 열심히 복음을 전해야 한다. 그리고 그날이 오면, 나는 새 하늘과 새 땅에서 내가 에티오피아에서 경험한 특별한 간증, '가끔 물이 나오는 수도꼭지' 이야기를 나누며 주님과 함께 한바탕 웃을 것이다.

기다림과 신속함 사이에서

"에티오피아에서 교육을 받은 사람들은 다 외국에 가서 사는데, 당신은 왜 이놈의 나라에 와서 고생하시오?"

에티오피아 사람이 내게 하는 이 말이 가끔 진리(眞理)처럼 들릴 때가 있었다.

우리 가족과 함께 살고 있는 집주인 테그바르(Tegbar)가 전화선을 연결하기 위해 나와 함께 수없이 전화국 문을 드나들 때, 조심스럽게 내게 속삭였다.

"전화국 사람들이 당신에게 뭔가를 요구하고 있소. 그러니 뇌물을 주지 않으면 그들은 전화선을 연결하지 않을 것이오. 나도 8년 전에 전화를 신청했는데, 2년을 더 기다려야 전화를 사용할 수 있다고 하오."

에티오피아에서 뇌물을 주지 않고 사는 일이 쉽지 않음을 증명해주는 말이었다. 나는 그의 말을 듣고서 결정해야 했다. 당장 필요한 전화를 사용하기 위해 500달러의 뇌물을 줄 것이냐, 아니면 전화 없이 살 것인가? 후원 교회와 연락도 해야 하고, 대내외적인 사무를 처리하려면 뇌물을 주고서라도 전화를 놓는 것이 필요하다. 하지만 에티오피아 사람들에게 올바른 삶의 원칙을 가르치려면 인내하고 기다려야 한다. 나는 편리한 삶을 위해 불의와 타협하고 뇌물을 주는 것보다, 불편하지만 기독교 윤리를 지키는 인내의 길을 택했다.

에티오피아 행정은 엉킨 실타래와 같아서 어떤 일을 처리하려면 시간이 오래 걸린다. 차량을 구입하고 세금을 정산하는 데 6개월이나 걸렸고, 전화를 놓는 데는 8개월이 넘게 걸렸다. 그것도 내가 외국인이어서 특별히 빨리 처리해준 것이었다. 이웃 나라인 케냐에서 보낸 이삿짐을 찾을 때는 몇 개월을 보내면서 하나님의 인내를 배웠다. 아프리카 선교사는 인내 없이 일할 수 없다는 사실을 늘 마음속에 담고 살았지만, 마귀는 인내를 포기하고 빠른 길을 택하는 뇌물을 주라고 늘 유혹했다. "무릇 지킬 것보다 네 마음을 지키라"는 말씀이 새롭게 느껴졌다.

외국인 선교사가 없던 곳에서

1994년 7월, 에티오피아에 도착해 슬럼 지역에서 정착을 마치고, 1994년 12월부터 에티오피아 깔레히옷(Kalehiwot, '생명의 말씀'이라는 뜻의 암하릭어) 교단과 정식으로 협력 사역을 시작하였다. 1997년에는 우리가 신학 교육을 시킨 9명의 학생들이 2년 과정의 신학교 과정을 마치고 졸업한 다음, 차그니(Chagni), 소가(Soga), 짜페(Zape) 등지에 흩어져서 교회를 개척하였다. 또한 고잠 지역을 대표하는 장로 7명을 세우기도 하였다. 멈출 수 없는 땅끝 복음 전도행전은 에티오피아 북부의 고잠을 넘어 곤다르(Gondar)와 티그레이(Tigray), 월로(Wollo)와 쉐와(Shewa) 지방까지 이어졌다. 이 기간에 일어난 다양한 일을 소개한다.

1994년 10월에 3주 동안 북부 에티오피아 전역을 순회하는 전도여행을 하면서, 에티오피아에 예수 그리스도의 복음이 들어가지 않은 곳이 여전히 많다는 것을 실감하였다. 고잠, 곤다르, 티그레이, 월로, 그리고 쉐와 지방의 비포장도로 3천 킬로미터를 자동차로 이동했는데, 이때 수많은 사건과 사고를 겪었다. 고잠에서 곤다르 지방으로 가기 위해서는 시몬산을 넘어가야 하는데, 산세가 험해 하루에 넘을 수 없어서 산속에서 하룻밤을 지내야 했다. 티그레이 지방은 에티오피아 정교회가 강한 곳인데, 그들은 개신교를 이단으로 취급하였다. 그 지역의 메켈레(Mekele)라는 마을에서 세례식을 거행하다가 장총과 정글도(刀)를 들고 와서 우리를 연행한 정교도들에 의해 경찰서에 감금되기도 했다.

나는 외국인 선교사가 없는 북부 에티오피아 고잠 지방의 사역을 자청하였다. 그곳에서 1년 6개월 동안 꾸준하게 전도여행을 하면서 생긴 성도들과 함께 1996년 5월에 아디스알렘(Addis Alem, '새로운 세상'이라는 뜻의 암하릭어) 교회를 건축하였고, 같은 해 10월에는 원시 부족인 구무즈(gumuz)가 거주하는 카페라(Kapera) 마을에서 성도 16명과 함께 '초가집 교회'를 시작하였다. 지붕을 양철이 아닌 풀로 얹은 것이었다. 하지만 교회가 생기기 전에, 이 마을에는 짐승과 동침하는 문화가 있었다. 남자들은 뾰족한 창과 칼로 무장한 채 살았고, 여인들은 거의 벌거벗은 상태여서 노예를 연상케 했다. 생활 도구는 석기 문화에 머물러 있었고, 영양실조에 각종 질병이 난무해도 의료혜택은 전무했다.

우리가 이틀을 차량으로 이동한 다음, 13시간이나 산악을 행군해서 카페라 마을에 처음 도착했을 때, 이 마을의 전체 주민 700명이 순식간에 우리 주위에 모여들었다. 소름 끼칠 정도로 새까만 피부를 가진 사람들의 눈빛에서 살기(殺氣)가 등등했다. 벌거벗은 여인들과 뾰족한 창과 총칼로 무장한 남자들이 우리 전도팀 일행을 포위했다.

돌팔이 의사를 위한 축제

우리는 긴 곰방대를 물고서 의자에 앉아 있는 추장 바데수(Badesu) 앞으로 끌려갔다. 그는 우리에게 "왜 우리 마을을 침입했느냐?"고 물으며 으름장을 놓았다. 우리는 "이 마을에 환자가 많다는 소문을 듣고서, 당신들을 치료하기 위해서 왔다"고 답변했다. 나와 추장이 대화하는 동안 원주민들은 우리를 경계하며, 숨을 죽이고 대화를 경청하였다.

나는 무조건 추장을 설득해야 복음 전파의 기회를 얻을 수 있다는 것을 알고 있었다. 내가 추장과 대화하는 동안, 그의 다리에서 대수롭지 않은 외상을 보았다. 치료해주겠다고 추장에게 제안하였다. 그는 자신을 치료하도록 허락하였다. 나는 수술칼과 가위와 핀셋 등을 진열해놓은 다음, 수술 장갑을 끼고서 '거창하게' 치료를 시작했다. 야전용 플래시로 잘 보이지도 않는 추장의 귓속과 입안을 들여다보았고, 고귀한 추장의 머리를 떡 주무르듯 요리조리 돌려보며 돌팔이 의사 실력을 과시했다. 추장의 치료는 결국 빨간약(베타딘)을 바르는 것으로 끝났다. 하지만 천금보다 귀한 빨간약은 대단한 약효를 나타내 추장의 마음을 부드럽게 했다.

추장을 치료하자, 수백 명의 환자들이 '명의(名醫) 이은용' 앞에 장사진을 치고 모였다. 동행했던 사진사 이시우 집사님과 KBS에서 16년간 근무하다 선교사로 나온 조남설 권사님 등을 비롯한 우리들은 모두 졸지에 의사가 되어 그들을 '간단히' 치료했다.

치료가 끝난 후에는 축제가 시작되었다. 불을 피우고 염소를 잡았다. 고구마 비슷하게 생긴 쓴맛의 나무뿌리를 추장이 친히 구워 주었고, 야생 꿀을 대접했다. 우리에게 심심한 감사를 표한 것이다.

추장의 인사말이 끝난 후에 나에게 말할 기회가 주어졌다. 때는 이때다 싶었다. 고명한 의사가 된 나는 일어나서 '예수 복음'을 전하기 시작했다.

"나는 여러분을 사랑합니다. 그래서 아디스아바바에서 이틀 동안 운전하고 또 13시간을 걸어서 이곳까지 왔습니다. 오늘 제가 사랑의 표현으로 여러분의 병을 치료했습니다. 오늘 여러분이 치료받은 몸보다 중요한 치료가 있습니다. 그것은 여러분의 마음이 치료받는 일입니다. 모든 사람은 반드시 죽습니다."

죽는다는 말에 모두 조용해졌다. 나는 멈추지 않았다.

"여러분과 저도 반드시 죽습니다. 그렇지만 예수를 믿는 자는 죽은 후에 부활하여 새 하늘과 새 땅에 들어가게 됩니다. 새 하늘과 새 땅에 들어가기 원하는 사람은 저를 따라서 기도하십시오"

추장을 비롯한 700명의 주민들은 모두 예수님을 영접하는 기도를 함께 드렸다.

우리는 그날 저녁 대나무로 얼기설기 만든 원주민의 집에서 깊은 잠에 들었다. 그런데 새벽 2시 정도나 되었을까? 갑자기 집 안에서 함께 자던 개들이 싸우는 소리가 나서 깨어 보니 반나체의 여인이 내 옆에서 자고 있었다. 그 옆에는 개와 닭과 염소들과 나체 여인의 남편도 나란히 누워 있었다. 이날 나의 일기 제목은 '나체 여인과의 동침'이었다. 손님도 구별하지 않고 한방에서 잠을 자는 것이 그들의 문화였던 것이다.

카페라 마을에 뿌려진 '생명 씨앗'은 자라게 하시는 분의 능력을 힘입어 좋은 열매를 맺게 되었다. 지금은 카페라 마을을 중심으로 이웃 구무즈 부족에 복음이 전파되어 4개의 교회가 개척되었다.

아이를 다시 낳는 방법

'돌팔이 의사를 위한 축제'가 끝난 늦은 밤에 자우데(Zaude)와 알라미(Aalmi) 부부가 우리를 찾아왔다. 오래된 고물 총을 든 자우데가 이렇게 물었다.

"우리는 아이를 13명 낳았소. 장남은 23살인데, 나머지 12명은 태어난 후 몇 개월 안에 모두 죽었소. 이제는 아이가 생기지도 않소. 어떻게 아이를 다시 낳을 수 있는 방법이 있소?"

'아뿔싸, 이 사람이 나를 아이를 낳게 할 수 있는 명의로 알고 있구나!' 나는 명의답게 점잖은 목소리로 다음과 같이 답했다.

"신비한 방법이 있소이다. 사람의 생명은 하나님께서 주관하시는데, 하나님께서는 능력이 많으셔서 사람에게 생명을 주시기도 하고, 사람의 생명을 거두시기도 합니다. 만일 당신이 아이를 갖기 원한다면 하나님을 믿고 기도하십시오. 그러면 아이를 낳을 수 있을 것입니다." 자우데는 근심스러운 표정으로 말했다.

"나는 기도할 수 없습니다. 만일 내가 기도하면 나는 기독교인이 될 터이고, 그러면 나는 모든 남자들이 다 마시는 딸라 술도 못 마시고 나의 동족으로부터 고립될 것입니다. 그러니 나는 싫소이다."

'딸라'는 원주민이 마시는 독한 술이다. 나는 그에게 오래 기도한다고 해서 동족으로부터 고립되는 것은 아니라고 설명했다. 자우데를 설득한 후에, 우리는 하나님께서 자우데에게 아이를 주셔서 이 마을에 복음 전파의 귀한 열매가 되도록 간구했다.

예수를 믿는 것이 동족과의 단절을 의미한다고 생각하는 자우데 부부를 생각하면서 마귀가 얼마나 간교하게 사람들의 마음을 공격하는지를 볼 수 있었다. 나는 선포하는 기도를 했다.

"악한 습관을 통해서 사람들을 하나님께 나아오지 못하게 하는 악한 마귀여! 너는 세계 만국 백성에게서 떠나갈지어다."

11 겁내지 말고 '영적 전쟁'

두 끼 먹는 바보

1990년대 중반, 동부 아프리카에서 1,200만 명이 기근으로 죽어가고 있을 때, 나는 이런 생각을 했다. '주룩주룩 내리는 비는 기근에 시달리는 아프리카 사람들의 눈물인가? 굶주림 가운데 죽어가고 있는 백성을 향한 아버지의 눈물인가?'

만성기근은 아프리카 사람들을 끈질기게 괴롭히는 사회적 암과 같다. 거리에서는 수많은 사람이 지나가는 자동차를 향해 손을 입에 대고 먹을 것을 달라고 구걸했다. 어떤 가족은 길바닥에 주저앉아 곡을 하면서 사람들의 동정을 구했고, 어떤 이들은 다리 없는 사람을 벌거벗겨 뜨거운 햇빛 아래에 앉혀놓고 구걸을 시켰다.

21세기 문턱에 와 있는 지금도 아프리카에는 수많은 사람이 식량이 없어서 죽어가고 있다. 우리는 '한국도 수십 년 전에는 기근으로 굶주리던 보릿고개 시절이 있었다'라는 생각을 하면서, 이들의 고통에 동참하려고 하루에 두 끼만 먹으며 한 끼를 절약하여 굶는 사람을 돕자는 결심을 한 적이 있다. 1994년 7월 7일에서 8월 3일까지 한달간 전도여행을 할 때, 전도팀은 하루에 두 끼의 식사를 하였다. 'No 고추장, No 김치'라는 슬로건을 걸고서, 현지인이 주는 음식만 먹으며 사역하기로 작정하였다. 하지만 빈 그릇만 쳐다보고서 길고 지루한 하루를 보내는 1,200만 명의 사람들에게 그것이 무슨 도움이 되겠는가? 하지만 '두 끼 먹는 바보가 되자'라는 결심은 굶주림 가운데 있는 아프리카 사람들에게 작은 식량이라도 나누고자 하는 마음이었다. 기름 낀 나의 마음을 절식(絶食)으로 씻어내고, 아프리카 사람들을 향한 아버지의 구속의 은혜를 좀 더 열심히 전하자는 각오였다

에티오피아 사람들의 주식인 인젤라는 좁쌀보다 작은 '떼프'라는 곡식을 며칠간 발효해서 만든 음식이다. 미국 일리노이 주립대학교에서 온 전도팀원은 현지인과 동화(同和)되이야 한다는 각오로 하루에 두 번, 인젤라를 맛있게 먹었다. 그러나 몇 주간 계속 이 음식을 먹으니 배탈이 나서 설사를 하기 시작하였다. 선교사가 자신들이 먹던 음식을 포기하고 현지인처럼 먹고서 사는 것은 쉬운 일이 아니다. 그러나 현지인들의 친구가 되기 위해서는 그들이 좋아하는 음식을 함께 먹고, 그들이 좋아하는 것들(취미 활동 등)을 따라서 배우는 것은 매우 중요한 일이다. 우리가 현지인을 사랑하는 마음으로 행하면 무슨 독을 마실지라도 해(害)를 당하지 않을 것이고, 하나님의 거룩한 보호하심이 우리를 지켜줄 것이다.

하나님과의 약속

미국 일리노이에서 온 12명의 전도팀원 중에 나탈리(Naterlie)라는 태국 청년이 있었다. 나탈리는 태국의 전통적인 불교 가정에서 태어나 성장하였는데, 미국에서 유학하면서 주님을 만났다. 전도사역이 진행되는 도중에, 미국에서 그에게 급전이 왔다.

"나탈리 어머니 위독, 급히 귀가하길 바람."

나탈리는 태국으로 급히 전화했다. 어머니가 계신 병실에 어렵게 전화가 연결되었는데, 불교를 믿는 어머니가 빨리 돌아오라고 간청하였다. 우리는 나탈리가 서둘러 돌아가야 한다고 생각했다. 그러나 나탈리는 흐느끼면서 어머니에게 대답했다.

"어머니, 죄송합니다. 저는 지금 돌아갈 수 없습니다. 금년 여름은 하나님과 아프리카에서 6주 동안 복음을 전하고 에티오피아 사람들을 섬기기로 약속했습니다."

옆에서 통화 내용을 듣던 우리 모두는 숙연해졌다.

우리는 '여름에 6주간 전도여행을 하는 일이 뭐 그리 중요한가?'라고 생각할 수 있다. 그러나 나탈리는 하나님과의 약속을 위중한 어머니보다 중하게 여긴 것이다.

나는 그날 밤 하나님과의 언약이 얼마나 중요한지를 깊이 생각했다. 부모, 친척, 본토를 떠나 공격적인 헌신(radical commitment)을 하는 삶이 선교사들에게는 꼭 필요하다.

"나의 달려갈 길과 주 예수께 받은 사명 곧 하나님의 은혜의 복음 증거하는 일을 마치려 함에는 나의 생명을 조금도 귀한 것으로 여기지 아니하노라"(행 20:24).

귀신들린 젊은 여자

선교사들은 선교지에서 피할 수 없는 영적 전쟁(spiritual warfare)을 치러야 한다. 영적 전쟁은 공중권세를 잡은 자와 하나님의 자녀들 사이에서 일어나는 필연적인 전쟁이다. 이 전쟁은 혈과 육에 속한 싸움이 아니기 때문에 우리의 힘으로는 도저히 감당할 수 없다. 오직 나사렛 예수의 이름을 통해서만 승리할 수 있는 전쟁이다.

영적 전쟁은 영적인 일에 관심 없는 사람들에게는 일어나지 않는다. 마귀는 공격할 필요가 없는 사람들은 공격하지 않지만, 예수 이름을 전하는 사람들에게는 맹렬한 공격을 퍼붓는다. 왜냐하면, 마귀는 죄의 속박으로부터 만인을 구원하시려는 하나님의 뜻을 근본적으로 대적하고, 참을 수 없는 분노로써 거룩한 구원 사역을 방해하기 때문이다. 하나님의 자녀들은 이러한 마귀의 궤계를 잘 보고서 마귀를 대적하고(약 4:7) 하나님의 구원 사역을 더 강하게 이루어 나가야 한다.

1994년 7월 30일, 아디스아바바 게자 깔레히옷 교회에서 부흥집회를 시작하자 천여 명의 성도들이 예배에 참석하였다. 그런데 예배 도중에 갑자기 회중 가운데에서 웅성대는 소리가 들렸다. 젊은 여자가 창문 너머의 '무엇'인가를 보더니 소리를 지르며 뛰어나가려 했다. 하지만 수많은 회중에 갇혀 나갈 수 없자 슬피 우는 것이었다. 몇 명의 남자들이 그녀를 붙들었으나 강하게 뿌리치며 저항했다. 나는 마귀가 예배를 방해하고 있음을 바로 알 수 있었다.

나는 그녀를 강대상 앞으로 데리고 나오게 한 다음, 무려 세 시간 반 동안 예수 이름으로 그녀 안에서 역사하는 마귀를 대적하며 싸웠다. "나사렛 예수 이름으로 당장 나오라"고 명령할 때마다 그녀는 아주 고통스러운 표정을 지었다. "나는 이 여자를 사랑한다"고 말하면서 나갈 수 없다고 하였다. 그녀가 아닌 그녀 속에 있는 마귀가 하는 말이었다. 마귀는 애걸복걸하면서 사흘만 더 있다 나가게 해달라고 통사정을 하였다. 하지만 그 말을 믿을 수 없었다. 결국 마귀는 소리를 지르며 여자에게서 쫓겨나갔다.

이틀 뒤, 예쁜 아가씨가 우리 일행이 있는 숙소를 방문하여 내 볼에 네 번의 입맞춤을 하였다. 마귀가 자신에게서 쫓겨나간 다음 큰 기쁨과 평화가 임했다며, 그녀가 내게 감사를 표현한 것이다.

선교사들은 겁내지 말고 영적 전쟁을 치러야 한다. 예수 이름으로 마귀의 속박에서 고생하는 사람들에게 영적 자유를 선물해야 한다.

화가 변해 복이 되다

1995년, 북부 에티오피아 고잠 지방으로 전도여행을 가는 날이었다. 그 전도여행을 함께 간 사람들은 이은용 선교사, KBS라는 직장을 포기하고 선교사로 헌신한 조남설 선교사, 단기선교사로 헌신한 고상덕과 정유승 형제, 코이카 봉사단원으로 온 김정희 간호사, 에티오피아에서 사업하는 이시우 집사, 신혼인데도 에티오피아로 전도여행을 온 이상윤과 장미향 전도사 부부, 그리고 현지인 2명을 합해 모두 10명이었다. 우리 팀원은 '복음 들고 산을 넘는 자들의 발걸음이 선하고 아름답다'라는 생각을 하며 다소 흥분되어 있었다. 의미 있는 신혼여행을 온 부부, 휴가를 포기한 간호사, 사업장 문을 닫고 온 집사님 등은 모두 전도여행에 대한 기대감으로 꽉 차 있었다.

이 여행의 목적은 북부 에티오피아 고잠 지역 네 곳을 방문하여 교회를 개척하는 사역, 신학생 중에서 장학생을 선발하는 일, 고잠 지방에 선교 베이스를 구축하는 사역 등이었다. 그러나 첫 번째 지역에 도착하기도 전에, 아디스아바바에서 3시간 정도 떨어진 알리도로(Alidoro)라는 마을 근처에서 교통사고가 났다. 다미안(Damian)이라는 소년이 우리가 탄 차에 치여 공중으로 붕 뜬 다음 5미터 밖으로 떨어지는 순간, 우리 모두는 이 소년이 죽었다고 생각했다. 신혼여행을 온 장미향 사모는 이 광경을 보고 기절했다. 수백 명의 원주민들이 순식간에 우리 일행을 포위했고, 우리 차를 운전하다 사고를 낸 선교사는 현지 유치장에 감금되었다.

사고를 당한 다미안의 귀에서 피가 흘러, 우선 알리도로 시골 마을에 있는 간이 진료소에서 응급 처치를 한 다음, 그를 종합병원이 있는 아디스아바바로 옮겨 정밀 검사를 받게 하였다. 전도여행은 중단되었고, 우리 모두는 다미안을 살려달라는 기도를 간절히 하였다. 검사 결과, 다행히 아이는 신기할 정도로 아무 이상이 없었다. 하나님이 보호하시는 손이 다미안을 받아서 살짝 내려놓은 것이었다. 우리는 하나님께 감사기도를 드리고, 이 일을 통해 하나님께 영광 돌리는 일이 일어나도록 기도를 바꾸었다.

우리는 그후 알리도로 마을을 몇 차례 더 방문해서 아이가 다니는 학교에 학용품과 필요한 물품을 기증하였다. 마을 주민들은 우리를 반갑게 맞아주었고, 우리에게 사역에 필요한 땅을 줄 테니, 와서 자기 마을을 위해 일해달라고 하였다. 화(禍)가 변해 복(福)이 된 것이다.

"우리가 알거니와 하나님을 사랑하는 자 곧 그 뜻대로 부르심을 입은 자들에게는 모든 것이 합력하여 선을 이루느니라"(롬 8:28).

벼룩과의 전쟁

세상에는 백만 종류가 넘는 벌레들이 존재하지만, 그 중에서 가장 귀찮고 지긋지긋한 벌레 중의 하나가 벼룩이다. 벼룩은

발진 티푸스(typhus) 등 여섯 가지의 질병을 옮기는데, 벼룩에 물리면 심한 고열과 종기 같은 것이 난다. 물린 부분이 감염되면 심한 악창이 생긴다. 나는 전도여행을 할 때, 작은 벼룩을 통해 고통받으면서도 많은 교훈을 얻었다.

전도여행을 갈 때는 현지인이 사용하는 미니버스를 빌려서 타고 다녔다. 그 버스를 탈 때, 수많은 벼룩이 얼굴색이 노란 우리들을 기다렸다가 무차별 공격을 퍼붓곤 했다. 에티오피아의 벼룩들은 '여섯 개의 손'에 날카로운 포크와 나이프를 하나씩 들고서, 밤낮을 가리지 않고 닥치는 대로 우리를 물어뜯었다. 아마도 그 벼룩들은 특별한 색깔과 냄새를 가진 별식(別食)을 즐기는 듯했다.

선교사는 현지인의 수준만큼 낮아져야 한다는 생각으로 현지인이 사용하는 지푸라기에 플라스틱 껍데기를 씌워 만든 매트리스를 개당 50비르(한화 약 7천 원)에 구입해서 사용하였다. 문제는 밤에 시작되었다. 지푸라기 매트리스에 집단으로 거주하고 있던 벼룩들이 밤이 되자 일시에 총출동하여 우리 가족을 문 것이다. 그때 5살이던 고은과 3살이던 다은과 갓난아기였던 지은이는 밤새 잠을 못 자고 울었다.

지금도 나는 지푸라기를 보면 지푸라기 흔적이 남아 있는 말구유에서 탄생하신 아기 예수를 생각하고 마음이 격해진다. 벼룩을 통해서, 인간과 같이 철저하게 낮아지시고 고통을 받으신 예수를 깊이 생각할 수 있어서 감사드린다.

한국전쟁 참전용사들

1994년 8월 1일, 나는 한국전쟁에 참전한 에티오피아인들이 살고 있는 마을을 방문했다. 한국전쟁에는 6,037명의 에티오피아 군인들이 참전했는데, 이중 극소수 인원이 에티오피아에 생존해 있었다. 그 대부분은 절대 빈곤으로 하루하루 간신히 살아가고 있었다.

내가 한국 참전용사의 마을을 처음 방문했을 때, 그들은 "한국도 나쁘고, 미국도 나쁘고, 유엔도 나쁘다"라고 소리 질렀다. 한국이 나쁘다는 말은 자신들이 한국전쟁에서 생명을 걸고 싸웠는데, 오늘날 잘 살게 되었음에도 자신들을 전혀 돌보지 않기 때문이라고 했다. 미국이 나쁘다는 말은 전쟁 당시 자신들이 미군 1사단에 배속돼 최전선에서 총알받이를 하였는데, 지금은 돌보지 않는다는 것이었다. 유엔이 나쁘다는 말은 그들이 유엔군으로 참여한 것인데, 역시 전쟁이 끝난 후에 아무런 관심이 없다는 것이었다.

나는 그들에게 대한민국을 대신해 사과드리고, 다시 방문하겠다고 약속하였다. 내가 약속을 지키기 위해 두 번째 방문했을 때, 그들은 한국전쟁 당시에 입었던 퇴색한 군복을 꺼내 입고, 자신들에게 아무런 도움이 되지 않는 빛바랜 훈장을 차고서 나를 맞이했다. 한국전쟁에 참전해서 턱을 잃은 노인과 한쪽 눈을 잃은 애꾸눈 노인을 앞세우고, 자신들이 당면한 어려움을 하소연하는 모습을 보면서 민망한 마음을 금할 길이 없었다.

참전용사 중에서 한 분이 자신이 6·25 전쟁에 참전했을 때 찍은 흑백사진 한 장을 보여주었다. 그 사진은 젊은 에티오피아 참전용사 앞에 수많은 한국 아이들이 빵을 얻어먹기 위해 줄을 서서 기다리는 장면이었다. 나는 참전용사들에게 조금이라도 은혜를 갚아야 한다는 생각을 하게 되었다. 그래서 빵 50봉지와 계란 6백 개를 사서 참전용사 마을을 다시 방문하였다.

빵 한 개라도 더 받으려고 줄을 두 번이나 서는 노인들을 보면서, 나는 모른 체하고 두 개씩 받아 가도록 하였다. 자의든 타의든 한국전쟁에 참여해서 목숨을 잃기도 하고, 불구가 되어 지금은 소망 없는 삶을 살고 있는 이들을 보면서 '한국인들이여, 이래도 되는 겁니까?' 하고 외치고 싶은 마음이 불일듯 일어났다. 결초보은(結草報恩) 정신을 운운하기 전에, 일단 한국전쟁에서 불구가 된 사람은 살려야 하지 않겠는가?

퀭한 눈에 깡마른 몸

1994년 8월 3일, 한달 간의 전도여행을 마치고 케냐로 가는 날 아침에 작은 고아원을 방문하기로 했다. 나이로비행 비행기를 타려면 12시까지 공항에 도착해야 한다는 조급한 생각이 들어 '고아원 방문을 취소할까' 하는 생각이 잠깐 스쳤지만, 예정대로 방문하였다. 고아원에 도착하자 40여 명의 고아들이 간단히 설치한 텐트 안의 진흙 바닥에 맨발로 서 있었다. 선교팀원들은 그들에게 2시간 동안 찬양을 가르치고 복음을 전하였다. 하지만 한쪽으로는 민망한 마음을 금할 길이 없었다.

고아원 사역을 마친 다음, 진흙 묻은 신발을 신고서 비행기에 오른 우리 일행은 구멍 난 양말을 신고 부잣집 안방에 들어가는 심정이었다. 비행기에 탑승한 팀원들은 모두 숙연한 마음으로 각자 자신의 삶을 돌아보는 시간을 가졌다.

에티오피아에는 퀭한 눈과 깡마른 몸을 가진 5백만 명의 고아가 있다. 수십 년간의 내전으로 부모를 잃은 아이들, 오랜 기근으로 먹을 것이 없어지자 야밤에 버려진 아이들, 이 고아들의 얼굴에는 웃음이 없었다.

이들에게는 누가 찾아오느냐가 중요하지 않다. 무엇을 가지고 오느냐가 중요하다. 이들을 보니, 내가 어린 시절에 집에 찾아오는 손님들의 손을 빤히 쳐다보던 생각이 나서 서글퍼졌다. 하지만 이 나라의 고아들은 손님을 맞이할 집도 부모도 없다. 그런 생각을 하니 더욱 측은한 마음이 들었다. 이런 곳에서 우리는 무엇을 어떻게 시작하고 해결해야 하는가?

유한한 나의 생각으로는 에티오피아 고아들의 어려운 상황을 해결하는 일은 불가능해 보인다. 하나님의 무한 능력이 필요하다. 나는 무한 능력을 갖고 계시는 그분을 의지하며 이 일을 감당해야 한다고 다짐하였다.

잘 익은 바나나 세 개

우리는 1996년 5월과 6월 사이의 전도여행을 통해 고잠 지방 교회를 이끌어 갈 일곱명의 장로를 세웠고, 북부 에티오피아 교회 지도자 50여 명을 모아 리더십 세미나를 개최했다. 나는 '생명의 능력'이라는 제하의 설교를 통해 "한국교회 부흥의 비결은 새벽 기도에 있었다"고 강조하고, 기도에 힘쓰도록 당부하였다.

이 전도여행 기간에 달레(Dale) 마을과 아디스 알렘(Addis Alem) 마을에 교회를 개척한 것은 감사한 일이다. 하지만 개척 자금의 100퍼센트를 선교사에게 의지하려는 현지인의 생각을 바꿔 놓는 일은 쉽지 않았다. 1년 6개월 동안 기도하고 사역하는 동안, 때로는 인색한 선교사라는 공격까지 받아야 했다.

현지인에게 자립의 원칙을 가르치는 일은 어렵다. 하지만 더 큰 고통은 나의 내면에서 발생하였다. 빨리 교회를 짓고 대외적으로 알리려는 '내면의 유혹'을 극복하는 것이 더 어려웠던 것이다. '과시하는 선교사가 되어선 안 된다. 원주민들이 할 수 있는 분량은 현지인들이 스스로 할 수 있도록 해야 한다. 현지인에게 필요한 것은 잘 지어진 좋은 교회가 아니라, 그들 스스로 헌신해서 지은 자립교회다'라는 생각을 되풀이했다. 그렇게 기다린 결과, 달레와 아디스 알렘의 두 교회 성도들은 자신들의 땅을 교회를 세우기 위해 내놓았다. 또한 나무를 모으고 노동력을 제공할 것을 결정했다. '할렐루야'를 외칠 수 있는 일이었다.

우리는 교회 건축을 위해 양철 지붕과 시멘트를 사주기로 결정했다. 건축비를 전달하고 나오는데, 한 여자 성도가 급히 나를 따라 나오더니 수줍은 표정으로 살그머니 '잘 익은 바나나 세 개'를 내 손에 쥐어주고 달아났다. 교회 건축을 도와준 것에 비해 바나나 세 개가 너무나 부끄러웠던 모양이다. 나는 이곳을 떠나면서, 이곳의 성도들이 잘 익은 바나나처럼 주 안에서 잘 익어가도록 기도드렸다.

"주님, 눈에 보이는 열매 때문에 범죄하지 않도록 도와주십시오. 눈에 좋아 보이는 교회보다 하나님이 원하시는 교회를 세울 수 있게 해주세요."

12 | 복음 들고 산을 넘는 자

에티오피아 고잠으로

나는 한국에서 온 동안교회 청년부 선교팀 24명과 함께, 1997년 1월 29일부터 2월 10일까지 북부 에티오피아 고잠 지방으로 '멈출 수 없는 하나님의 선교 행진'을 진행하였다. 이 단기선교의 목적은 다음과 같았다. 첫째, 예수 그리스도의 부활을 증거한다. 둘째, 선교팀원들과 공동생활을 하며 깊이 교제함으로써 평생의 동역자를 얻는다. 셋째, 아프리카 현지인들의 삶을 보면서 자신을 통찰한다. 넷째, 평생 선교사로 헌신한다.

우리 일행은 에티오피아의 수도이며 이름의 뜻이 '새로운 꽃'인 아디스아바바를 출발해, 나일 강의 근원인 청나일 강을 지나 비포장도로로 13시간 동안 500킬로미터를 달렸다. 그리고 밤 7시에 고잠 지방의 첫 번째 사역지인 '새로운 세계'라는 뜻을 가진 아디스알렘(Addis Alem)에 도착하였다. 긴 비포장 길을 달렸기 때문에 팀원들의 얼굴은 먼지로 뽀얗게 분칠한 것처럼 변했지만, 서로를 보면서 깔깔대고 웃었다.

다음날 아침, 아디스 알렘 마을의 어린이들이 어린이 성경학교에 참석하려고 교회에 왔다. 한국에서 온 선교팀원의 외모가 자기들과 달라, 놀라서 우는 아이도 있었다. 하지만 호기심을 가지고 다가오는 아이들도 있었다. 팀원들은 이런 아이들에게 복음을 전하고 놀아주기도 하면서 값진 시간을 보냈다.

저녁 6시가 되자 해가 떨어졌다. 마을은 어둠의 세상이 되었다. 대신 '호롱불 집회'가 시작됐다. 모든 마을 사람들이 초가집 교회로 왔다. 진흙으로 지은 예배당이 가득 차서 더 들어올 공간이 없을 정도였다. 마치 1970년대의 한국교회 부흥 현장을 보는 듯했다. 성령께서 이날 저녁에 강하게 역사하셨다. 집회에 참석한 사람들은 예수를 주로 영접하였다. 우리 선교팀원들은 이 땅에 그리스도의 푸른 계절이 오도록 간절히 기도하였다. 그리고, 이들에게 좁은 초가집 예배당을 탈출하여 넓고 새로운 예배당을 건축하라고 도전하며 종잣돈을 헌금해주었다.

3일간의 아디스 알렘의 사역을 마치고 바라바라 위치(Barabara Wichi) 산동네로 이동하였다. 보통 자동차는 다닐 수 없는 산악 도로였기에, 우리는 건축 자재를 싣고 다니는 대형트럭을 빌렸다. 트럭이 심하게 기울어지면 팀원들은 비명을 질렀다. 그러면서도 계속 찬양을 불렀다. 복음을 들고 산을 넘는 자들의 발걸음이 기쁘다는 말씀이 실감나는 순간이었다.

바라바라 위치에 도착하자 원주민 교인들이 선교팀을 반갑게 맞아 주었다. 바라바라 교회의 게마츄(Gemachu) 장로가 염소 한 마리를 선물로 주었다. 나는 허기진 팀원들을 위해 그 염소를 직접 잡고 고기를 손질하였다. 선교팀 가운데 한 여학생이 도살한 후에 고기를 손질하는 선교사가 신기했는지 내 앞에 와서 턱을 괴고서 구경하였다. 나는 특별한 염소 구이를 만들기 위해 기름 덩어리를 제거하며 정성을 쏟았다. 선교팀원들은 먼 거리를 여행하는 동안 제대로 된 식사를 하지 못하고 있다가, 고기를 구워준다는 말에 환호성을 지르며 기뻐하였다. 이것이 선교하는 자들의 재미이다.

산꼭대기까지 100리 길 행군

바라바라 위치에서 표범에 물려 다리에 표범 이빨이 박힌 환자를 치료하였다. 사연을 들어보니, 길을 가다 표범을 만나 물린 것이었다. 도망치려고 사투를 벌이다 늘 갖고 다니는 작은 칼로 표범을 내리쳤는데, 그때 부러진 이빨이 다리에 박힌 것이었다.

산 동네에서 사는 사람들은 물이 부족해서 씻지 못해 여러 가지 피부병으로 고통당하고 있었다. 이들에겐 또한 갑상선 환자와 결핵 환자 등 다양한 환자가 많았다.

팀원들은 3일간의 바라바라 위치 사역을 마치고, 구무즈 부족이 거주하는 산꼭대기까지 100리 길을 행군하였다. 아프리카의 태양 아래에서 강을 건너고 산을 오르는 일은 쉽지 않았다. 뜨거운 날씨 때문에 팀원들은 땀으로 범벅이 됐다. 다행히 우리가 가는 길에서 물이 흐르는 계곡을 만났다. 나는 강의 위쪽을 여탕으로 정하고 아래쪽을 남탕으로 정하여 각자 샤워하도록 한 다음, 중간에서 '감시'하였다. 팀원들은 대자연의 야외 목욕탕에서 샤워하면서 "이제 살 것 같다"며 깔깔댔다.

거의 13시간 동안 40킬로미터를 걸어서 구무즈 부족이 거주하는 카페라 마을에 도착하니 어두운 밤이 됐다. 술독에 빠져 생활하는 구무즈 원주민들이 술 냄새를 풍기며 우리에게 일일이 뽀뽀해주었다. 구무즈 부족이 손님을 반갑게 맞이한다는 인사법이어서 거부할 수 없었다. 그들은 "여러분이 우리 마을을 방문하여 기분이 좋아 술을 마셨다"라고 말했다. 이들에게 술에 취하는 것은 문제가 되지 않는다. 높은 산에서 사는 산지(山地)족이라, 밤이 되면 급격히 내려가는 온도 때문에 추위에 떨게 된다. 추위를 이기는 한 가지 방법이 바로 밀주를 담가 마시는 것이다. 술은 이들이 조상 대대로 추위를 극복하는 생필품이었다.

팀원들은 오래 행군한데다 밤이 됐기에 주변을 돌아볼 틈도 없이 다들 깊은 잠에 빠졌다. 다음 날 아침에 일어나보니, 구무즈 부족이 사는 모습이 구석기 시대 같아서 모두 놀라움을 금치 못했다. 이 부족은 돌로 곡식을 갈아 먹고 창과 칼을 가지고 다니며 수렵하는 원시 생활을 하고 있다. 가시나무에 긁혀서 상처가 난 것을 방치해 살이 썩어들어가는 사람도 있고, 영양실조로 깡마른 환자들이 우리의 치료를 기다리고 있었다. 아비규환(阿鼻叫喚)이라는 말은 이런 모습에 사용해야 할 것 같았다. 팀원들은 이들에게 의료봉사를 하고 복음을 전하면서 하염없이 눈물을 흘렸다. 우리의 의료봉사와 복음 전파 사역이 이들의 미래에 귀한 영향력을 남길 것을 기대했다. 이 전도여행을 통해 카페라 마을의 지도자 꾸자두가 회심하여 예수를 영접했다. 마을의 많은 사람들도 주께 돌아왔다. 우리가 떠난 후에 카페라 마을 사람들은 대나무로 교회를 지었고, 16명의 신자들이 예배를 드리기 시작했다.

행방불명된 팀원

이듬해인 1998년 1월 21일부터 2월 3일까지, 동안교회 청년선교팀 29명이 에티오피아로 또 전도여행을 왔다. 지난해에 온 선교팀은 하루에 무려 500킬로미터를 이동하느라 고생이 너무 많았기 때문에, 이번에는 그 절반인 250킬로미터만 이동한 다음 데보라 마르코스(Debra Markos)에서 하룻밤을 유숙했다가 다음날에 남은 길을 가기로 하였다.

요단강에서 모잠비크까지 이어지는 아프리카 대협곡 리프트 밸리(Rift Valley)를 지날 때는 모든 팀원이 환호성을 질렀다. 복음 들고 산을 넘는 자들에게 하나님께서 주시는 보너스 풍경이 너무나 아름다웠기 때문이다.

아디스 알렘 마을에 도착하자, 바이에네 장로가 나에게 달려왔다. 우리가 서로 못 본 사이에 자기가 막내아들을 낳았는데, 이름을 리(Lee)라고 지었다고 알려주었다. 내가 자신들의 교회를 방문하여 복음을 전했기 때문이라고 말했다. 그래서 나는 까만 리(black Lee)를 얻게 되었다.

우리는 아디스 알렘에 머무르지 않고, 힘이 남아 있을 때 오지 마을인 카페라를 먼저 방문하여 사역하기로 하였다. 아디스 알렘을 떠나 카페라로 가는 길의 중간에 위치한 갈레사(Galesa)라는 마을에 들러서, 당나귀를 빌려 짐을 싣고 가기로 했다. 새벽 이른 시간에 출발해 갈레사에 도착했는데, 하지만 그날이 하필 장이 열리는 날이어서 모든 당나귀가 장터가 열린 이웃 마을에 가 있었다. 팀원들은 40킬로미터를 걸어가야 하기 때문에, 짐을 놓아두고 우선 몸만 떠나기로 했다. 나는 혼자 갈레사에 남아 있다가, 당나귀

당나귀 탄 선교사
상켈라 부족이 사는 카페라 마을에 당나귀를 타고 들어가던 날의 모습.

가 장에서 돌아오면 짐을 싣고 따라가기로 하였다.

지루한 기다림 끝에, 저녁 6시 30분쯤에 당나귀들이 돌아왔다. 하루 종일 장터를 오가며 지친 당나귀들이어서 의약품, 텐트, 음식, 학용품 등이 든 무거운 짐을 지우니 힘에 겨운 듯 속도를 내지 못했다. 강을 건널 때 넘어지는 당나귀도 있었는데, 이솝우화에 나오는 꾀 많은 당나귀 생각이 났다. 소금을 진 당나귀가 물을 건너다 넘어져 짐이 가벼워지는 걸 본 다른 당나귀가 그 짓을 따라 하다가, 자기가 진 짐이 콩이라서 더 무거워졌다는 이야기다. 나는 앞서간 일행을 서둘러 따라가야 했기에 당나귀가 꾀를 쓰는 건진 몰라도 봐줄 수 없었다.

앞선 일행이 12시간 걸릴 길을 8시간 만에 가도록 강행군했기 때문에, 그들 중에서 낙오한 일행 몇 명을 도중에 만났다. 나는 그들이 쉴 수 있도록 인근 달레 마을에 숙소를 정해준 다음, 계속 행군하여 새벽 2시에 선교팀이 가 있는 카페라 마을에 도착하였다. 인원을 점검한 결과, 1명이 행방불명된 사실을 발견하였다. 팀원들은 지친 몸을 일으켜 울며 기도하기 시작했다.

우리는 현지인을 깨워 구조대원을 급조한 다음 여러 갈래의 길로 보냈다. 다행히 새벽 5시 30분에 잃어버린 팀원을 찾았다. 낙오된 그 형제는 밤이 깊어지자 한 손에는 맥가이버 칼을, 한 손에는 플래시를 들고서 잠들어 있었다고 한다. 우리는 들짐승의 위험에서 동료를 보호해주신 하나님께 감사드렸다.

나는 이 전도여행 중에, 구무즈 부족 안에 갈등과 긴장이 있는 것을 발견하였다. 서로 증오하는 게메야 구무즈와 데칸다 구무즈가 정기적으로 전쟁을 하고 있었다. 서로 협력해도 열악한 환경을 이겨 나가기 힘든데, 힘겨루기를 하며 싸우는 모습에서 원초적인 인간의 욕심을 볼 수 있었다. 원시적인 공동체에서도 주도권 싸움은 존재한다. 부족 간의 싸움 때문에 아이들과 부인들이 죽어가는 현실에서도 주도권 싸움을 하는 그들의 모습에서, 마치 가인의 후예인 인간의 본성을 보는 것 같았다. 팀원들은 이들에게 평화가 임하도록 하나님께 간구하였다.

4일간의 구무즈 사역을 마치고, 바라바라 위치까지 다시 40킬로미터의 길을 행군해서 돌아와야 했다. 이번에도 새벽 2시에 행군을 시작하기로 결정하였다. 낮에는 온도가 급격히 상승해서, 팀원 중 상당수가 더위를 못 이기고 낙오했기 때문에 내린 결정이었다. 나는 대열의 선두에 서서 대원들을 이끌었다. 칠흙 같은 어둠을 헤치며 행군하는 동안 대원들이 '쿵' 하고 넘어지는 소리를 여러 차례 들을 수 있었다. 그러나 행군을 중단할 수는 없었다.

전도여행의 영적 교훈

나는 행군하면서 리더의 역할을 생각하였다.

첫째, 리더는 앞(미래)을 보는 눈이 있어야 한다. 목표를 분명히 인지할 수 있는 방향 나침판을 가지고 있어야 하는 것이다.

둘째, 리더는 현재 상황(현실)을 볼 수 있는 눈이 있어야 한다. 지금 내가 넘어가고 있는 돌뿌리, 나뭇가지, 웅덩이, 그리고 짐승들이 나의 대원들을 어떻게 해칠 수 있는지를 알고서 경고해야 한다.

셋째, 리더는 뒤에서 따라오는 대원을 보는 눈이 있어야 한다. 그들의 행군 속도와 건강 상태와 에너지 보유량을 파악하고, 그들의 수준에 맞게 행군해야 한다.

전도여행을 하면 얻을 수 있는 영적 교훈이 이와 같이 너무나 많다. 그래서 나는 전도여행을 멈출 수 없다.

단기선교팀 일행은 바라바라 위치와 차그니, 파위(Pawe) 지방을 차례로 여행하며 복음을 전했고 의료 사역을 감당하였다. 특별히 파위 지방을 방문했을 때, 엘리뇨 현상으로 인한 기근으로 수천 명이 아사한 현실을 보게 되었다. 그 때문에 영양실조에 빠진 아이들의 깡마른 '새다리'를 본 팀원들은 통곡하였다. 열악한 정부의 병원에는 의약품이 거의 없었다. 가난한 환자들은 병원 복도에 널브러져 있었다. 이들은 오늘도 도움을 기다리고 있다.

13 | 생명의 불을 지피는 사람

다시 에티오피아

나는 에티오피아에서 3년간 열심히 사역했지만, 결국 1997년 8월 에티오피아 정부로부터 추방 명령을 받았다. 그리고 시간이 흘러 2003년 5월 23일 미국 아틀랜타를 방문했을 때, 에티오피아 남부 월라이타 소도(Soddo) 출신인 토가(Toga) 박사를 만났다. 이 만남이 나로 하여금 에티오피아 사역을 다시 시작하게 한 계기가 되었다.

토가 박사는 미국에서 신학박사 학위를 마친 사람이다. 그는 신학 교수로 활동하면서, 미국에 온 에티오피아 사람들을 대상으로 이민 목회를 하고 있었다. 나는 그가 목회하는 교회에서 주일 설교를 한 다음, 그의 집에 초대받아 점심식사를 하게 되었다. 그는 애틀랜타에 이층집을 마련하고 안락한 생활을 하고 있었다.

나는 그에게 "당신은 당신의 조국 에티오피아에 더 필요한 사람인데, 왜 미국에 거주하고 있느냐?"고 물었다. "자녀들도 다 성장했으니, 이제는 고향으로 돌아가 민족 복음화를 위해 일하는 것이 좋겠다"는 제안도 했다. 하지만 그는 항공료가 비싸서 에티오피아를 자주 방문하지 못하고 있다는 사정을 말했다. 그렇다면 내가 항공료를 지불할 테니, 에티오피아에 가서 완전히 귀국할 수 있는지 알아보라고 하였다. 그러나 그는 최근에 에티오피아를 다녀왔기에 당장 가볼 수 있는 형편이 아니었다. 대신 그해 여름에, 내가 남부 에티오피아 월라이타 지방을 방문하여 부흥회를 인도할 수 있도록 준비해주겠다고 말하였다. 내가 에티오피아에 다시 갈 수 있는 기회가 생긴 것이다.

나는 에티오피아 정부로부터 추방된 후에도 계속해서 에티오피아 사역에 대한 부담감을 품고 있었다. 그래서 그의 제안을 듣고 기도를 시작하였다. 그때, 필리핀 사람들이 시카고에 세운 페이스 교회(Faith Church)로부터 여름에 아프리카로 단기선교팀을 보내려 한다는 연락을 받았다. 나는 바로 선교 일정과 계획을 수립하고, 2003년 7월에 월라이타 지방으로 전도여행을 떠날 준비를 하였다. 나의 에티오피아 사역은 이렇게 해서 다시 시작되었다. 이제는 이곳에서 사도행전적인 놀라운 사역이 부흥의 바람을 타고 진행되고 있다.

데까야의 녹색 기근

2003년 7월 23일부터 31일까지 시카고 페이스 교회 선교팀과 함께 남부 에티오피아 월라이타 소도를 방문하여 부흥 집회를 하였다. 부흥회 기간 중에 소도에서 40킬로미터 떨어진 오파 지방의 데까야(Dekaya)라는 마을에서 대기근이 일어났다는 소식을 들었다. 소도의 교인들이 녹색 기근(green famine)이라는 제하의 신문 기사 이야기를 내게 들려주었다. 데까야 마을에서 기근으로 일주일에 70명이 죽어 나가는 참담한 일이 일어났다는 소식이었다. 보통 기근이 일어나면 모든 것이 잿빛으로 바뀌는데, '녹색 기근'이라는 말이 생소하게 들렸다.

2003년 7월 28일, 소도 지역 연합부흥집회 기간에 데까야 마을을 방문하였다. 녹색 버드나무가 즐비하게 심겨져 있는 아주 조용하고 평화로운 마을이었다. 데까야 마을에는 1만 2천 565명의 주민이 살고 있었는데, 지난 3년 동안의 심한 기근으로 영양실조와 질병에 걸린 사람들이 일주일에 70명씩 죽어가는 상황이었다. 나무가 있음에도 먹을 것은 없었다.

나는 이 마을에 살고 있는 '아디세 문다소'라는 여인의 집을 방문하였다. 이 여인은 마른 풀잎을 얼기설기 엮어 만든 초가집에서 5명의 아이들과 함께 살고 있었다. 지난봄에 남편과 큰아들을 잃었고, 그때는 큰딸 베자비가 말라리아에 걸려 서서히 죽어가고 있었다. 이 여인은 죽어가는 딸 앞에서 깊이 파인 눈을 간신히 뜨고서 힘없이 앉아 있었다. 아마도 세 번째의 장례를 치를지 모른다는 생각이 그녀의 가슴을 후벼팠는지, 눈언저리에 마른 눈물 자국이 찍혀 있었다. 1991년에 아프리카 선교사로 파송돼 일하면서 수많은 선교여행을 했지만, 그때처럼 나의 무능을 실감한 적은 없었다.

"주여, 어찌하면 좋겠습니까?"

나는 탄식하면서, 고열로 펄펄 끓는 베자비의 머리에 손을 얹고 치유를 간구하는 기도를 드렸다. 죽음의 문턱에 서 있는 어린 베자비와 어머니의 슬픔이 나의 가슴을 후벼팠다. 나는 주머니에 있는 돈을 다 꺼내 주면서 "이 돈으로 말라리아 약을 사고, 남는 돈으로 식량을 사서 아이들을 먹이라"고 말하고 집 밖으로 나왔다.

문 앞에서 뼈만 앙상하게 남은 몸에 머리는 세모꼴이고, 눈은 휑한 아이가 나를 물끄러미 쳐다보고 있었다. 아스포바라는 이름의 다섯 살 아이로, 문다소의 막내아들이었다. 나는 쓰린 가슴을 움켜잡고서, 그들이 살고 있는 초가집 앞마당에 펄썩 주저앉았다. 무릎을 꿇고 하늘 아버지에게 기도드렸다.

"하나님, 이들을 불쌍히 여기시고 도와주옵소서. 하늘 아버지의 거룩한 치유와 공급을 기다립니다."

나는 데까야 마을의 참상(慘狀)을 소망교회에서 선교목사로 섬기고 있던 장남혁 목사에게 알리고 기도를 부탁했다. 소망교회는 녹색 기근에 대한 소식을 듣고서 의사, 간호사, 약사, 그리고 구제사역자로 구성된 24명의 단기선교팀을 꾸려 데까야 마을로 급파하였다. 이 교회의 의료선교팀은 일주일 동안 711명의 환자를 치료했다. 구제사역팀은 502개의 극빈 가정에 한 달치의 양식을 제공하였다. 한국으로 돌아간 소망교회 선교팀은 데까야 마을의 총체적 회복을 위해 다음과 같은 사업계획서를 만들고 실천하였다.

첫째, 데까야 마을의 영적 개발을 위해 교회를 건축하여 지역사회 복음화를 위한 기초를 놓았다. 그후 데까야 교회는 1천 명의 교인으로 성장하여 지역사회에서 하나님의 나라를 구현하는 일에 중요한 역할을 감당하고 있다.

둘째, 데까야 마을의 사회 개발을 위해 초등학교 교실을 증축하고 미래지향적인 교육 사업을 지원하였다. 700명의 어린이들이 데까야초등학교에서 기독교 세계관에 입각한 교육을 받게 되었다.

셋째, 데까야 마을의 건강을 위해 생수 공급 프로젝트를 진행했다. 생수 덕분에 1만 2천 명이 넘는 주민들이 기근과 질병으로부터 살아나게 되었다.

넷째, 견고한 콘크리트 다리를 건설하여 데까야 마을에 식량이 공급될 수 있도록 하였다. 데까야 마을로 연결되는 나무다리가 있었지만, 우기마다 물이 범람하여 무너져 마을이 고립되곤 하였다. 그 결과 식량이 공급되지 않아, 마을 주민들은 기근 속으로 더 깊이 빠져들었다.

이러한 통전적 접근을 통한 소망교회의 데까야 마을 구하기 종합 프로젝트는 아프리카 지역사회에 하나님의 나라를 이루는 견인차 역할을 하였다. 이 일로 에티오피아 정부는 한국교회와 정부에 진심으로 감사의 인사를 전하였다. 나는 한국에서 파견되어 일하고 있는 선교사로서, 대한민국이 6·25 전쟁 때 에티오피아에게 진 빚을 조금이나마 갚을 수 있다는 생각에 마음이 기뻤다.

한국교회는 눈에 보이는 성과를 지향하는 '단기적이고 값싼 선교'의 패러다임을 버리고, 이 사례와 같이 '미래지향적이고 통전적인 접근'을 통해 선교지의 지역사회에 하나님 나라가 이뤄지도록 전심으로 사역해야 한다.

영적 방화범

내가 처음으로 남부 에티오피아 월라이타 지방의 코이샤(Coysha) 산을 오른 때는 우기였다. 우기에 하염없이 내리는 비는 가난하고 병약한 에티오피아 사람들을 향한 '하늘 아버지의 눈물' 같았다.

우리가 방문한 마을의 집들 대부분은 지푸라기로 엉성하게 지붕을 엮어 놓은 초가집이었다. 사람들은 질병과 굶주림으로 죽어가고 있었다. 하나님께서 이 불쌍한 사람들을 볼 수 있는 눈을 나에게 주셨다. 이들을 살릴 수 있는 유일한 길은 하나님을 의지하고 기도하는 것이라고 말씀하셨다.

"내 이름으로 일컫는 내 백성이 그들의 악한 길에서 떠나 스스로 낮추고 기도하여 내 얼굴을 찾으면 내가 하늘에서 듣고 그들의 죄를 사하고 그들의 땅을 고칠지라"(대하 7:14).

일대일 전도
월라이타 사람에게 성경을 읽어주며 전도하는 모습.

나는 이 말씀을 근거 삼고서 에티오피아의 영적 부흥을 위한 산상기도회를 시작하였다. 코이샤(Coysha), 다모타(Damota), 훔보(Humbo), 자바(Jaba), 아보(Abo) 등, 2500미터 이상의 고지에서 일으킨 기도회였다.

산을 오를 때마다 숨이 하늘까지 닿는 느낌을 받았다. 그러나 "300만의 인구가 있는 월라이타 지방을 기도로 복음화하고 현지인을 선교사로 파송하자"라는 기치를 내걸고 시작한 산상기도회를 통해, 월라이타 지방 교회들에 부흥의 불이 붙었다. 교회는 1,070개가 되었고, 교회마다 '민족 복음화'라는 기치 아래 국내에 선교사들을 파송하기 시작했다. 2009년에는 124명의 선교사를 에티오피아의 다른 지방으로 파송하였다.

나는 지속적인 기도운동을 위해 이 지역의 산 중에서 코이샤, 다모타, 훔보, 자바, 아보 산에 5개의 기도원을 건립하도록 지원하였

아프리카의 산상기도회
아보산 상기도회, 코이샤 산상기도회(오른쪽 위)
암바리쵸 산상에서 설교하는 모습(오른쪽 아래).

다. 이곳에서의 산상기도운동을 통해, 첨예하게 대립되었던 교회 리더들 사이에서 일치 운동이 일어났다. 그들은 해외선교사를 파송하라는 주님의 명령에 순복했다. 드디어 2009년 11월에 5명의 에티오피아 선교사를 소말리아에 파송하게 되었다. 한국교회가 경험한 산상기도운동이 에티오피아에 옮겨붙는 것을 보면서, 한량없는 하나님의 은혜가 감사해 눈물이 흘렀다. 마치 내가 영적 방화범(spiritual arsonist)이 된 기분이었다. 산상기도를 통한 에티오피아의 부흥을 보면서 하나님께 영광과 찬미를 드린다.

무슬림의 결사 항전

에티오피아 남부 캄바타 하디야(Kambata Hadiya) 지방에 위치한 암바리쵸(Amabricho) 산은 해발 3,058미터의 높은 산이다. 2004년 이래 해마다 암바리쵸 산상기도회에 참여해서 말씀을 선포했는데, 2006년에는 주최 측 추산으로 10만 명의 성도들이 모여 에티오피아의 영적 부흥을 위한 기도회를 개최했다. 산상기도회를 마친 후에, 3명의 에티오피아 현지 전도사들을 이슬람 교도가 99퍼센트인 삼바타 샬라(Sambata Shala) 지역의 선교사로 파송하기로 결의하였다. 이들은 삼바타 샬라 지역에서 수개월 동안 열심히 전도해서 15명을 전도하였다. 그리고 삼바타 샬라에 예배당을 짓기 위해 1톤짜리 트럭 3대에 지붕 공사 자재를 싣고 갔다. 마을 외곽에 터를 잡은 다음, 밤새도록 교회 지붕을 씌웠다. 그 다음 날부터는 흙으로 교회 외벽을 바르기 시작하였다.

이 소식을 들은 무슬림들은 분개하였다. 이슬람 지도자 하지 하산(Haji Hasan)은 "거룩한 무슬림의 땅 삼바타 샬라에 기독교 교회가 세워진다는 것은 수치스러운 일이다"라고 말하며 6일간 금식을 선포하고 개신교회와 전쟁을 치르기로 하였다. 무슬림은 금식을 마친 후에 특별 헌금을 거두어 교회 파괴를 위한 특공대를 선발했다. 4리터의 디젤 기름을 교회에 뿌리고 방화하려는 계획을 세웠다. 그러나 기독교인 15명이 교회를 보호하기 위해 흙으로 지어진 교회에서 먹고 자면서 결사 항전을 하였다. 그들의 방화 계획은 수포로 돌아갔다. 이슬람 교도들은 3명의 전도사들을 살해할 목적으로 총과 총탄을 구입하여 옥수수밭에 숨어 있다가, 날이 어두워지자 세 발을 발사하였다. 교회에서 숙식하던 전도사들은 총성에 놀랐지만, 그들이 발사한 총알은 전도사들을 맞추지 못하였다. 한 발은 흙벽을 통과하면서 방향이 꺾여 천장을 뚫고 나갔고, 한 발은 어느 전도사의 발 앞에 떨어졌다. 나머지 한 발은 흙벽 나무에 박혀 버렸다. 무슬림들의 거센 박해에도 불구하고, 하나님의 거룩한 보호하심(God's Divine Protection)은 오늘도 에티오피아에서 지속되고 있다.

우리는 2010년 11월 10일에 순교자의 피가 흐르는 꾸짜 지방에서 산상기도회를 시작하였다. 아디스아바바에서 남쪽으로 500킬로미터 떨어진 꾸짜 지역에 복음이 전해진 것은 1930년대에 한 이름 모를 순교자에 의해 시작되었다. 그는 당시 집에서 4-5킬로미터 떨어진 소도라는 마을의 장터에 나갔다가, 말을 타고 다니면서 순회선교를 하던 선교사에게 복음을 들었다고 한다. 꾸짜에서 처음으로 복음을 받아들인 그는 이교도가 되었다는 이유로 체포되었다. 중앙 정부의 재판을 받기 위해 아디스아바바까지 500킬로미터를 말 뒤에 묶인 채 무려 한 달이나 끌려갔다. 몸이 쇠진해진 그는 아디스아바바에 도착한 지 며칠 후에 감옥에서 순교하였다. 이런 순교자를 낳은 꾸짜의 산상기도회에 참석한 1만 명의 성도들은 꾸짜 지역 복음화와 세계선교를 위해 결사적으로 부르짖었다. 2012년 2월에는 꾸짜 지방에서 사역하는 목회자 150명을 초청하여 목회자훈련학교를 시작하였다. 꾸짜 지방에는 300개의 개신 교회가 개척되었고, 이 교회들이 지역사회 복음화에 매진하고 있다.

에리트레아의 영적 전쟁

나는 1996년에 미국 일리노이주에서 온 커버넌트펠로우쉽교회(Covenent Fellowship Church, 이하 CFC)의 전도팀과 함께 홍해 연안에 있는 에리트레아(Eritrea)를 전도여행차 방문하였다. 에리트레아는 1993년에 에티오피아에서 독립한 신생국이다. 역사적으로 오랜 기간 에티오피아와 영토 분쟁이 있었다. 수도 아스마라는 해발 2,450미터에 위치해 있고, 이탈리아 식민 당시에 세워진 도시이기 때문에 '작은 로마'로 불리기도 한다.

수도 아스마라에서 홍해 연안의 제2 도시인 무쯔와까지 내려가려면 수백 개의 곡선 도로를 지나야 한다. 한번은 무쯔와로 부흥회를 인도하러 가다가 큰 낙타 위에 집을 짓고서 이동하는 원주민을 만났다. 얇은 판자로 벽을 삼고 마른 초가로 지붕을 얹어 뜨거운 태양을 가린 이동식 주택을 낙타 등에 싣고 다니는 모습이 매우 신기했다. 에리트레아는 선교사의 호기심을 자극하기에 충분한 나라였다. 나에게 이런 호기심을 불어넣어 주시는 성령님께서 어떻게 역사하실지 기대되었다.

우리는 아프리카에서 전도여행을 할 때, 에리트레아 사람들처럼 낙타 등에 집을 지을 순 없었지만, 수많은 별이 보이는 '밀리언 스타 호텔'에서 밤을 지내곤 했다. 광야에 세운 텐트가 그것이었다. 때로는 하루 종일 뜨거운 태양 열에 달궈진 컨테이너 하우스에서 밤을 보낸 날도 있었다. 하루는 금요일의 저녁 집회를 마치고 새벽 1시에 뜨거운 컨테이너 하우스에서 잠이 들었다. 잠든 지 두 시간이 지난 새벽 3시, 비몽사몽간에 누군가 우리를 부르는 소리를 들었다. "이 선교사님, 빨리 나와보세요. 큰일났습니다."

나는 다급한 소리를 듣고 예배당으로 달려갔다. 어린 소녀 한 명이 강대상 위에 거품을 물고 누워서, 소름끼치는 비명을 지르며 기도를 방해하고 있었다. 집회 후에 철야기도를 하던 에리트레아의 성도들은 귀신들린 소녀의 비명 때문에 모두 기도를 중단하고 두려움에 떨고 있었다. 그 소녀는 마치 엑소시스트 영화에 나오는 귀신 들린 소녀 같았다. 금요일 밤의 영적 전쟁이 시작된 것이었다.

우리는 소녀 안에 들어가 역사하는 마귀와 전쟁을 시작하였다. 마귀는 소녀의 입을 통해, 설교를 통역하던 의사에게 유창한 영어로 이렇게 말하며 겁을 주었다. "기도를 그치지 않으면 너의 아버지를 죽일 것이다!" 의사는 소스라치게 놀랐다. 마귀가 말한 그의 아버지 이름이 정확했기 때문이었다. 그의 아버지는 수천 킬로미터 떨어져 있는 곳에서 살고 있었다. 그 소녀가 도무지 알 수 없는 사람이었다. 그래도 우리는 기도를 멈추지 않았다.

기도가 한 시간을 넘기고 두 시간 넘게 지속되자, 마귀는 소름끼치는 소리를 계속 내며 우리를 비웃기 시작했다. 그래도 나는 계속해서 명령했다. "나사렛 예수 이름으로 명하노니, 소녀에게서 나와라!" 하지만 그럴수록 마귀는 강하게 역사했다. 나는 더 간절히 기도했다. "주님, 이 여인을 불쌍히 여기소서. 이 자리에 모인 무리에게 예수의 능력을 나타내 보이소서!"

4시간가량 전쟁을 치른 후에, 마귀는 결국 소녀에게서 떠나갔다. 마귀가 쫓겨난 후에 알게 된 사실 또한 신기하고 놀라웠다. 나와 팀원들은 이 소녀가 귀신 들린 가운데 유창한 영어를 구사해서 미국에서 살다 온 사람으로 착각했는데, 실제로는 영어를 한마디도 못하는 현지인이었다. 이 소녀는 정교회 신도였는데, 금요 철야 기도를 방해하기 위해 마귀가 그녀에게 들어가 그렇게 역사했던 것이다. 마귀가 쫓겨나자, 사람들은 살아 계신 예수 그리스도의 이름을 찬양하고 감사드렸다.

우리는 영적 전쟁이 치열한 현실에서 살고 있다. 오직 예수의 이름으로 믿음의 선한 싸움을 싸워야 한다.

"마귀를 대적하라 그리하면 너희를 피하리라"(약 4:7).

4

눈물 닦는 아프리카

14 소말리아의 눈물 닦아주기

소말리아 역사와 열강의 지배

소말리아는 고대에 동북부 아프리카의 상업 중심지였다. 당시의 이집트와 페니키아, 그리스의 고대 도시인 미케네 등은 소말리아에서 나오는 유향과 몰약 등을 귀중품으로 여겼다. 소말리아 선원과 상인들은 교역을 통해 이것들을 공급하였다.

학자들은 고대의 소말리아 땅에 푼트(Punt) 왕국이 있었는데, 기원전 3천 년부터 남부 이집트 지역에 존재했다고 말한다. 소말리아에 남아 있는 피라미드와 신전, 돌로 지은 가옥 등이 이 시대에 세워진 것이라고 한다. 푼트는 황금의 나라로 불렸는데, 유황, 상아, 금, 은, 눈화장 재료, 소금, 원숭이, 표범가죽, 타조 깃털 등의 특산품이 있었다고 한다. 푼트인은 파라오 사후레와 하트셉수 시대의 이집트와 밀접한 관련을 맺었다. 푼트 왕국은 북부 에티오피아의 악숨 왕국과 더불어 북동부 아프리카의 중요한 무역 국가였다. 그들은 부유한 인도, 그리스, 로마 등과 교역하였다.

소말리아는 홍해 너머 아라비아 반도에서 살던 소말리아 출신 상인과 선원과 거류민들이 교역 상대인 아랍의 무슬림을 상대하면서 이슬람의 영향을 받게 되었다. 이슬람이 수백 년 동안 소말리아로 이주했고, 이후 소말리아의 무슬림 학자들이 소말리아 사람들을 평화적으로 개종시켰다. 소말리아의 고대 도시국가는 결국 이슬람화되어 베르베리(Berberi) 문명을 이루었다. 그리하여 모가디슈, 베르베라, 제일라, 바라와, 메르카 등의 도시가 형성되었다. 현재 소말리아의 수도인 모가디슈는 이슬람의 도시가 되었으며, 수백 년간 동아프리카의 황금 무역을 장악하였다.

강력했던 소말리아 제국은 중세에는 주변의 교역까지 지배하였다. 19세기에는 동아프리카에서 무역이 가장 활발하고 강한 나라가 되었다. 오만에서 공물을 받았으며, 동아프리카 해안 지역의 무슬림 가문들과 연합하여 세력을 강화하였다. 한편 소말리아 북부는 예멘과 페르시아 지방과 활발하게 무역을 하였으며, 바리 왕조의 상인들과 경쟁하였다. 이들은 웅장한 궁전과 요새들을 지었으며, 근동의 여러 제국들과 밀접한 우호관계를 가졌다.

19세기 후반인 1884년, 유럽 열강은 베를린 회담에서 아프리카 분할을 시작하였다. 아프리카인들은 이에 반발하여 이슬람 수도승인 데르비쉬(Derviche)들의 지도자인 무함마드 압둘라 하산을 중심으로 역사상 가장 긴 식민 반발 전쟁을 벌이기 시작하였다. 하산은 자신이 쓴 시와 연설에서 "영국이 우리들의 종교를 파괴하였으며, 우리의 자식들을 그들의 자식으로 만들었다"라고 강하게 비난

하였다. 또한 기독교를 믿는 에티오피아인들이 소말리아의 정치적이고 종교적인 자유를 약탈하고 있다고 항변하기도 하였다. 하산은 곧 국민 영웅으로 떠올랐으며, 기독교와 서구 침략자로부터 자유를 지키는 화신처럼 여겨졌다.

하산은 소말리아의 통합을 지지하지 않거나, 그의 영도 하에서 싸우지 않는 모든 소말리아 국민을 반역자로 간주하기 시작하였다. 그는 오스만 제국과 수단 등 이슬람과 아랍계 국가들의 지원을 받아 무기를 충당하였고, 장관과 조언자들을 각 지방의 수장으로 임명하였다. 그는 또한 소말리아의 통일과 독립을 강하게 부르짖으며 자기 세력을 결집하였다.

하산은 점차 군사적인 행동을 벌이기 시작하였다. 그의 정치 체제는 엄격한 계급제와 중앙집권화에 근본을 두고 있었다. 그는 급기야 기독교인을 바다에 수장시켜 죽여버리겠다고 협박하였다. 영국 군대를 공격하기도 하여, 4번에 걸쳐 영국군을 몰아냈다. 오스만 제국과 독일 제국 같은 동맹 추축국(樞軸國)들과 연계를 맺었다. 그러나 1920년대에 영국이 대대적인 공세를 펼치자 결국 무너졌고, 소말리아의 대부분은 영국의 보호령으로 전락하였다.

내전의 배경

1920년대 초부터 이탈리아에서 시작된 파시즘은 해외

식민지에 더 많은 간섭을 하였다. 이탈리아는 북동부에 있던 술탄국을 몰아내고 자신들의 영토로 만들었으며, 이탈리아령 소말릴란드를 세워 식민 지배를 하였다. 이탈리아는 여러 보호 조약을 맺어 이들을 조종하였으나, 직접 지배하려 들지는 않았다. 이탈리아가 직접 지배한 지역은 바나디르밖에 없었다.

이탈리아의 무솔리니는 1935년에 에티오피아를 침공하였다. 1940년 8월 3일, 소말리아 원주민들을 포함한 이탈리아 군대는 에티오피아에서 빠져나와 영국이 지배했던 소말릴란드를 공격하였고, 8월 14일에는 버버라를 영국에게서 빼앗아냈다. 영국은 이에 대항하여, 1941년 1월에 군대를 모아 이탈리아에 점령당한 영국령 소말릴란드를 재탈환하였다. 그리하여 에티오피아를 해방시켰고, 결국 이탈리아령 소말릴란드까지 자신의 영토로 만들었다. 이때 영국군은 주로 동부, 서부, 남부 아프리카에서 차출한 원주민들로 구성되어 있었으며, 여러 부족이 이에 합류하였다.

한편 이탈리아는 2차 세계대전에서 패배하면서 점차 무너지기 시작하였고, 1960년에는 1만 명도 안 되는 이탈리아계 사람들만 소말리아에 남아 있었다. 1969년 시아드 바레(Siad Barre)는 준타 군대(Military Junta)를 이끌고 소말리아의 실권을 잡았다. 준타(Junta)는 인민해방회의를 뜻하는 스페인, 그리스, 포르투갈의 용어이다. 이들은 과학적 사회주의(Scientific Socialism)를 표방하고 22년간 소말리아를 통치하였다. 과학적 사회주의(科學的 社會主義)는 프리드리히 엥겔스가 사용한 마르크스주의의 한 표현이었다.

시아드는 집권 후에 젊은 자원봉사단을 모집해 협동농장을 만들어 효율적으로 농사를 경영하고, 병원을 설립하여 국민 건강을 증진했다. 대학을 설립해서 젊은이들에게 고등 교육을 제공하고, 도로를 건설하고 은행을 설립하여 산업을 일으켰다. 소말리어 글자를 만들어 시골까지 문자를 보급하였다.

당시 소말리아는 시아드 바레의 집안이 속한 마레한(Marehan) 부족과 그의 장모가 속한 오가덴(Ogaden) 부족, 그리고 사위가 속한 둘바한테(Dhulbahante) 부족 등 3개 부족이 지배하였다. 그러나 22년간 통치한 시아드 바레 집안의 독재와 갈등에 대한 반발로 군사 쿠데타가 일어났다. 1991년 1월 26일, 모하메드 파라 아이디드가 이끄는 군벌 연합의 쿠데타로 시아드 바레 대통령이 결국 축출되었다. 그러나 소말리아 군부 쿠데타에 반대하는 혁명이 발생해 부족 간의 전쟁이 시작되었다. 이것이 이른바 '소말리아 내전'의 시작 배경이다.

20년간 계속된 내전에서 소말리아인 40만 명이 숨진 것으로 추정된다. 57만 명은 난민이 되어 인접국을 떠돌게 됐고, 140만 명이 살던 곳에서 쫓겨난 것으로 알려졌다. 전쟁이 오래 지속되자, 많은 소말리아인은 무정부 상태보다 시아드 바레 정부 시절이 차라리 좋았다고 생각한다.

긴급 구호 사역의 시작

소말리아 내전으로 인하여 수많은 사람이 죽어갈 때, 동부 아프리카 케냐에서 사역하고 있던 대한예수교장로회 통합(PCK) 교단 소속 선교사들은 소말리아 구호와 재건(Relief and Rehabilitation) 사역에 동참하였다.

1992년 소말리아 내전에 한창 불이 붙을 당시, PCK 교단에서는 아프리카선교회(Evangelical Mission for Africa, 이하 EMA)를 통해 소말리아 구호와 재건 사역을 시작했다. EMA는 1981년 PCK 교단이 파송한 임종표, 홍화옥 선교사에 의해 설립된 선교단체이다. 나와 아내 홍영신, 안종렬, 정선미, 서숙자 선교사가 이 단체에 소속되어 함께 사역했다. 이 단체는 오랜 내전으로 인해 기근으로 죽어가는 소말리아 사람들에게 식량을 배급하여 생명을 구했다. 전쟁통에 다치고 병이 난 환자들을 치료하기 위해 한국과 미국에서 의료선교팀을 초청하여 치료했다. 식수를 개발하기 위해 우물을 파서 생수를 공급하였다. 모가디슈에서 10킬로미터 떨어진 자지라(Jazeera)라는 마을에서는 전쟁으로 문을 닫은 이슬람의 초등학교를 인수하여 350명의 아이들을 기독교적으로 교육하기도 했다. 비록 비상 상황에서 운영된 비정규 학교였지만, 미국에서 온 한인 2세들과 한국 선교사들이 힘을 합쳐 양질의 교육을 함으로써 소말리아 재건에 미래지향적으로 일조하였다.

PCK 교단은 이렇게 소말리아 내전으로 인한 재난 현장에서 수

많은 아프리카 사람들의 생명을 구하였다. 재난 현장에 동참하여 생명을 살리는 이와 같은 운동은 우리 한국교회 교단들이 지속해서 수행해야 할 중요한 사역이다.

한편, 소말리아의 이웃인 케냐에서 사역하고 있던 우리 선교부는 소말리아의 구호사역을 위해 국제 NGO인 KEMAR(Korea Evangelical Mission for Africa Relief)를 유엔에 등록하고 활동을 시작하였다. 케마는 아프리카를 위해 활동하는 한국의 복음주의 선교회이다. UN에서는 우리에게 소말리아로 가는 군용기와 NGO 사람들을 위해 준비된 항공기를 무료로 이용할 수 있는 항공권을 제공하였다. 또한 국제 NGO들과 협력해 물자를 지원받을 수 있도록 배려하였다.

당신은 어디에서 왔습니까?

나와 함께 구호조사팀으로서 동행한 필리핀 선교사 로욜라 자매를 비롯해, 세계 각처에서 모인 사람들은 유엔이 제공하는 군용기를 타고 소말리아로 들어갔다. 국제 적십자(ICRC)에서 운행하는 군용기 안에는 스위스, 소말리아, 한국, 필리핀, 미국 등 5개 국의 다른 국적자들이 동승하고 있었다. 국적은 달라도 목적은 하나였다. 아프리카 한 귀퉁이에 자리잡은 소말리아의 '강도 만난 이웃'을 구하는 것이었다.

낯선 사람들끼리 서로에게 한 첫 질문은 "당신은 어느 나라에서 왔습니까?"였다. 미국 NGO에 소속된 사람이 나에게도 그 질문을 하였다. 나는 "대한민국에서 왔습니다"라고 대답하였다. 그는 깜짝 놀라며 "정말로 한국에서 왔느냐"고 되물었다. 그런 다음 어눌한 한국어 발음으로 "안녕하세요?"라고 하였다. 그리고 "무엇을 하러 여기 왔느냐?"라는 질문 공세를 쏟아냈다. 나는 "기근을 당한 소말리아 사람들을 구호하기 위해 모가디슈로 가는 길이다"라고 답하였다. 그는 믿을 수 없다는 표정을 지었다. 그는 청년일 때, 6·25 전쟁 이후 폐허나 다름없던 한국에 가서 구호사역을 했던 사람이었다. 그랬던 한국을 기억하고 있는 사람인지라, 한국 사람이 소말리아까지 와서 구호사역을 한다는 말이 도무지 믿어지지 않았던 것이다.

6·25 전쟁 이후 세계에서 가장 가난한 나라였던 대한민국이 오늘날 세계적인 경제 강국이 된 것은 외국인이 볼 때 놀라운 일이다. 한국이 경제강국이 되고 민주주의 국가의 모델이 된 것은 다음 세대를 위한 교육을 중요하게 생각하고 모든 자산을 교육에 투자했기 때문이다. 소를 팔고 논을 팔고 집을 팔아 자녀를 교육한 것은 미래를 여는 중요한 열쇠였다. 그런 1960년대에 태어나 1970년대의 가난과 무지의 터널을 지나온 내가, 지금은 동일한 어려움을 당하고 있는 지구촌의 얼굴 까만 사람들을 돕기 위해 조그마한 비행기 안에 몸을 싣고 있다는 사실을 생각하니, 일종의 경외감에 빠지게 되었다. 불과 얼마 전까지만 해도 외국의 도움으로 살던 한국이

었는데, 하나님께서 우리 부모님들의 가슴속에서 우러나는 통절한 기도를 들으시고, 전적인 은혜로 우리를 전쟁 후의 기근과 질병과 가난에서 구원하셨다.

비포장 활주로와 먼지 폭탄

나이로비를 출발한 군용기가 소말리아 남부 해안 지방의 기스마요(Kismayo) 공항에 도착한다는 방송을 들었을 때 약간 긴장이 되었다. 군용기 창 밖으로 활주로가 보이지 않았기 때문이다. 놀랍게도 포장되지 않은 활주로였다. 그곳은 내가 내릴 곳이 아니었고, 유엔 군인들이 내릴 경유지였다. 잠시 후 군용기가 크게 흔들리며 착륙했는데, 엄청난 먼지 폭탄이 일었다. 모래 먼지를 가르고 비포장 활주로를 내리는 비행기 안에서 작은 불안과 묘한 스릴을 동시에 느꼈다. 경비행기의 작은 창 밖으로 양철 지붕의 공항 사무실과 구제품을 실어 나르는 컨테이너들, 그리고 코카콜라 한 병으로 40도를 웃도는 열대의 더위를 식히는 사람들을 볼 수 있었다. 비행기는 그곳에 유엔 군인들을 내려놓고 다시 이륙한 다음 모가디슈 남공항에 도착했다. 이곳 역시 비포장 활주로였고 다시 한 번 먼지 폭탄이 터졌다. 그런 다음 또 이륙하였다. 드디어 세 번째로 착륙한 모가디슈 국제공항은 활주로가 포장돼 있었다. 두 군데나 경유해 목적지에 도착했던 것이다.

모가디슈 국제공항에 도착한 다음, 섭씨 40도를 웃도는 뜨거운 공항에서 2시간 이상을 기다리며 입국 절차를 마쳤다. 모가디슈의 이민국 업무를 보는 공항 사무실은 양철 지붕이 덮인 허름한 창고 같았다. 온몸에서 땀이 비 오듯 쏟아 내렸다. 정말 전쟁터에 온 것을 실감하였다. 모가디슈 국제공항에서는 헬리콥터들이 바쁘게 움직이고 있었다. 공항에서 조금 기다리니, 무장한 경비원들이 탄 자동차가 나를 숙소로 데려갔다. 나의 소말리아 구호사역은 이렇게 긴장된 분위기에서 시작되었다.

돌을 든 성난 폭도들

우리가 소말리아에 도착한 날은 이슬람의 가장 큰 절기인 라마단(ramadan) 금식 기도가 시작되는 날이었다. 수도 모가디슈에서는 총성이 계속 들려오고 있었다. 정말 전쟁터에 온 것이었다. 공항에서 어려운 과정을 통과하고 시내로 들어오는 동안 폐허가 된 집들과 불에 타다 남은 폐차를 보고서 마음이 어두워졌다.

드디어 소말리아에서 일하고 있는 선교사의 집에 도착하였다. 허름한 건물 외벽을 타고 올라가는 담쟁이덩굴이 전쟁 중에도 유지되고 있는 생명의 상징으로 보였다. 푸른 창공을 가르며 날고 있는 새 한 마리는 하나님께서 주신 완벽한 자유를 만끽하는 듯하였다. 여기까지 오는 동안 어두워진 마음이 선교사 집의 담쟁이덩굴과 하늘의 새를 보고서 밝아지는 것 같았다. 소말리아 사람들도 담쟁이덩굴처럼 전쟁의 포화 속에서 살아남고, 창공을 자유롭게 날아다니는 새들처럼 자유를 만끽하며 살게 해달라고 기도했다.

나와 로욜라 선교사는 소말리아 구호사역의 동향을 파악하기 위해 국제 NGO 사람들이 모인 회의에 참석했다. UN 군인들의 모가디슈 상황 보고를 들으니, 소말리아 폭도들이 외국인을 무차별로 살해하고 있었다. 따라서 무조건 조심하라는 당부를 들었다. 하필 우리가 도착한 전날 밤에 스위스 간호사가 살해되었다.

회의 장소였던 모가디슈의 임시 유엔본부를 나오니, 각국에서 온 NGO 사람들을 태우기 위해 중무장한 장갑차와 SUV 등이 즐비하게 대기하고 있었다. 하지만 나와 로욜라 선교사는 자동차를 타지 않고 모가디슈의 중심지인 K4(Kilometer Four) 거리를 걸었다. 당시의 소말리아는 전쟁 중이라, 거리 이름 내신 군사 지형 구분에 따라 K4, K5 등의 독특한 용어를 사용하고 있었다. 우리는 그 길에서 미국 평화 유지군이 주둔하고 있던 장소로 이동하던 소말리아 폭도들을 만나게 되었다.

폭도들은 우리를 보자 돌을 들고서 싸늘한 표정으로 다가왔다. 다른 피부색을 가진 사람이 주는 공포는 컸다. 그들을 보는 순간, 빨리 피하지 않으면 생명이 위험하다는 생각이 들었다. 이교도를 돌로 쳐 죽이라는 코란의 명령에 따라, 우리를 죽이려는 것이기 때문이었다. 그때 성난 무리 중에서 어떤 사람이 "치나(China), 치나"를 외쳤다. 우리가 중국인이라고 말한 것이다. 그러자 무리는 돌을 내려놓고 미군 주둔지를 향해 몸을 돌렸다. 소말리아 사람들은 중국이 소말리아 도로 공사 등 기간 산업에 기여했기 때문에 중국인을 친구로 생각하고 있었는데, 우리가 중국인과 닮은 덕을 톡톡히 본 것이다. 우리는 재빨리 길에서 가장 가까운 집으로 뛰어 들어갔다. 그 집은 다행히 아일랜드 사람들이 운영하고 있는 NGO 본부였다. 수십 명의 무장 경비원이 그 집을 지키고 있어서, 우리는 안전할 수 있었다.

스위스 간호사의 살해 소식, 거리의 폭도로부터 느낀 생명의 위협, 조명탄의 섬광과 대포 소리 등은 우리에게 소말리아 선교가 불가능하다는 부정적인 생각을 심어주었다. 그러나 하나님의 섭리와 완전하신 인도하심은 우리가 피신해 들어간 아일랜드 NGO 본부에서 확인되었다. 그곳에서 아윌(Awil)이라는 NGO 직원을 만났기 때문이다. 그는 모가디슈에서 10킬로미터 떨어진 자지라(Jazeera)라는 지역의 마을 지도자였다.

거북이 뼈가 산을 이루다

당시에는 전세계의 유수한 국제 NGO들이 거의 다 소말리아 구호사역에 동참하고 있었다. 그러나 모가디슈에서 구호사역을 하는 것은 쉽지 않았다. 무엇보다 사무실로 쓰기 위해 집을 빌리려 해도 작은 집의 월세가 무려 5천 불이었다. 큰 집은 2만 달러에 육박했다. 전쟁중이라 사설 무장 경비원을 고용하는 비용은 따로 지불해야 하는 실정이었다. 게다가 1990년대 초반만 해도 대한민국 사람이 국제 NGO에 등록해서 일하는 경우는 드물었다. 대한예수교장로교 총회 산하 사회부와 한국인이 자생적으로 만든 NGO인 이웃사랑회에서 지원한 재정으로는 우리 선교회가 소말리아 구호사역을 감당하기 어려웠다.

라마단 기간에 모가디슈의 성난 폭도들을 만났을 때, 나와 필리핀 자매 로욜라를 보호해준 아윌을 만나 구호사역의 방법과 방향에 대해 의논하였다. 그러자 그가 자신의 고향인 자지라에서 사역할 것을 권고했다. 우리는 아윌로부터 '와서 우리를 도우라'는 '마게도니아의 부름'을 들은 것이었다. 특별하신 하나님의 계획에 따라, 우리 선교부는 아윌의 고향인 자지라에서 구호사역을 할 수 있게 되었다.

우리는 자지라를 방문하여 마을 지도자들을 만났다. 나는 그들에게 우리가 가진 재정 상황을 공개하고, 모가디슈에 집을 얻으면 모든 재정이 집세로 나가게 되므로, 우리가 너희 마을을 위해 구호사역을 전개할 테니 무상으로 집을 빌려달라고 요청하였다. 마침 당시 자지라에는 전쟁 때문에 집을 버리고 외국으로 피난 간 사람들이 많아서 빈 집이 꽤 있었다. 자지라 마을의 지도자들은 나의 제안을 받아들였다. 우리는 무상으로 큰 집을 제공받아 본격적으로 구호사역을 시작할 수 있었다.

우리는 마을 사람들의 긴급한 필요가 무엇인지 조사하였다. 그들은 내전이 장기화되면서 파종하지 못해 추수할 것이 없고 심각한 기근에 직면하고 있었다. 우리는 1차로 식량을 배급하고 의료사역을 진행하기로 하였다. 2차로는 생수 공급을 위한 우물 파기와 어린이들을 교육하기 위한 비정규 교육 사역을 추진하기로 했다.

내전이 발생하기 전, 자지라의 바닷가 마을에는 모가디슈에 전력을 공급하는 발전소가 있었다. 그래서 대부분의 주민들은 비교적 부유한 생활을 할 수 있었다. 그러나 전쟁이 장기화되면서 발전소는 파괴되었고, 많은 사람들이 일터와 집을 잃었다. 사람들은 바닷가에 비닐하우스를 짓고서 생활하고 있었고, 식량이 떨어지자 산란을 위해 바닷가에 올라온 거북이를 잡아먹으며 생계를 이어갔다. 그들이 거북이를 먹은 이유는 이슬람 교리 때문이다. 자지라 바다에도 여러 종류의 물고기가 있지만, 코란 법에 따라 게와 바닷가재와 비늘 없는 물고기는 잡아먹지 않는다. 그래서 포유동물인 바다 거북이만 잡아먹은 것이다. 그 때문에 바닷가에는 거북이 뼈가 산을 이룰 정도로 쌓여 있었다. 참으로 어처구니없는 일이 소말리아 자지라에서 일어나고 있었다. 주민들은 식량뿐 아니라 생수 공급도 원활하지 않아 목마름의 고통까지 당하고 있었다.

하늘 아버지의 눈물

소말리아 내전을 장기화시킨 실제적 원인은 아이디드

(general Aidid) 장군과 알라무딘(Alamudin)이라는 두 세력의 권력 다툼이었다. 내전이 수년간 지속되자 기근과 질병이 심각해졌다. 그래서 죽어가는 소말리아를 구하자는 기치를 들고 국제 NGO들과 UN 평화군이 소말리아로 몰려왔던 것이다

나는 1950년의 전쟁으로 인해 완전히 폐허가 돼, 국제 NGO와 UN의 도움 없이는 홀로서기 힘들었던 대한민국의 모습을 40년이 지난 1990년대 소말리아에서 볼 수 있었다. 오랜 기근으로 인해 피골이 상접한 어린이들, 각종 질병으로 죽어가는 소말리아 사람들을 보면서 '하늘 아버지의 눈물'을 보았다.

1993년 2월 23일, 내가 12승 군용 경비행기를 타고 소말리아로 들어가던 날에 본 일이다. 출발의 기약 없이 공항에서 여러 시간을 기다려야 했는데, 그곳에서 64세의 스위스 간호사를 만났다. 그녀 곁에는 2명의 소말리아 어린이가 있었다. 간호사의 손을 꼭 잡고 있는 아이들의 표정에서 불안과 공포를 읽을 수 있었다. 둘 중 한 아이는 우물에 빠져 죽기 직전에 구출된 고아라고 했다. 다른 아이는 흰개미(termites) 떼의 공격을 받았다가, 역시 죽기 직전에 구출받아 회생했다. 스위스 간호사는 두 아이를 친자식처럼 먹이고 입히고 사랑하였다. 급기야 그들을 직접 키우기로 작정하고 스위스로 데리고 가는 길이었다. 그 간호사는 사랑의 행동으로 '하늘 아버지의 눈물'을 닦고 있는 것이었다.

어떤 기독교인은 '이슬람 교도들은 심판 받아 죽어 마땅한 사람'이라고 규정하는 종교우월주의에 빠져 자신만이 구원받기에 합

당하다고 생각한다. 나는 그날 공항에서 그 스위스 간호사를 보면서, 소말리아 사람들은 심판받아 죽어 마땅한 사람들이 아니라 하늘 아버지의 구원의 대상이라는 사실을 마음판에 새겼다. 스위스 간호사가 건진 아이들처럼 우물에 빠지거나 개미떼의 공격을 받은 아이, 총탄에 맞아 불구가 된 사람, 오랜 기근으로 피골이 상접한 사람, 여러 가지 질병으로 고통을 당하는 사람들이 소말리아에 있다. 그들은 모두 '하늘 아버지의 눈물'이며 구원의 대상이다.

의료, 급식, 교육의 3대 사역

내전이 장기화되면서 소말리아의 모든 국가 시설이 파괴되었다. 병원과 진료소도 예외는 아니었다. 많은 사람이 영양실조에 걸렸고 각종 질병에 시달리고 있었다. 사람이 영양 상태가 좋지 않으면 건강을 잃게 되고 질병도 이길 수 없다. 소말리아 사람 중에는 영양 부족 때문에 생긴 내과 환자부터 전쟁 중에 다친 외과 환자, 물 부족으로 인해 발생한 피부병 환자까지, 각양각색의 환자들이 넘쳐났다. 우리 선교부는 KEMAR를 통해 한국과 미국에서 열두 번이나 의료팀을 초청해 소말리아 환자들을 치료하였다. 대한민국 의료인들의 봉사 정신은 투철했다. 2-3일 동안 비행기를 타고 낯선 땅 소말리아까지 와서 생명을 구했다.

내전이 장기화되면서 사회 전반에도 여러 문제가 발생했다. 가장 심각한 문제는 생존의 기본권인 의식주를 보장받지 못하는 것이었다. 소말리아 날씨는 한참 뜨거운 계절에는 섭씨 50도에 육박하지만, 대부분의 시기는 30-35도 정도이므로 의복에 대한 걱정은 별로 하지 않는다. 난방도 필요 없어서 주택 문제도 심각하지 않다. 그저 살인적인 더위만 피하면 된다. 다만 먹고 마시는 일이 가장 심각한 생존의 문제였다. 우리 선교부는 자지라 주민에게 식량을 공급하고, 초등학교 학생 350명에게 급식하는 사역을 꾸준히 진행하였다. 또한 물이 생명의 근원이기 때문에, 생수를 공급하기 위해 관정을 뚫어 우물을 설치하고 식수를 공급하였다.

우리 선교부는 KEMAR NGO를 유엔에 등록한 후, 전쟁으로 인하여 폐허가 된 자지라 마을에서 비정규 학교를 운영하였다. 우리가 일반적인 교육을 하기 전에, 소말리아 아이들은 낡은 나무 판에 코란 구절을 적어서 외우는 공부를 했다. 다 외운 구절은 지우고, 또 다른 구절을 써서 외우기를 되풀이하였다. 코란 학교의 교육은 코란을 외우는 것 외에 다른 과정이 없었다.

당시 자지라의 코란 학교에는 아이들이 350명 있었는데, 전쟁터에서 성장한 아이들은 성격이 거칠어 작은 일로도 심하게 싸우는 경우가 비일비재하였다. 어느 날 아이들끼리 싸움이 붙어 학교가 시끌벅적하였다. 한 아이가 뾰족한 연필로 다른 아이의 목을 찔러 피가 분수처럼 솟아오른 일 때문이었다. 마을 지도자들은 거친 아이들을 교육해달라고 우리에게 부탁하였다. 우리는 아이들에게 글을 가르치고, 오랜 전쟁으로 영양실조에 걸린 아이들에게 점심 식사를 제공했다. 학용품을 나누어 주고, 산수, 영어, 음악, 미술 등의 일반 학과를 가르쳤다. 그러면서 그들을 사랑하기 시작했다. 아이들이 점점 변해가는 것을 볼 수 있었다.

리더는 이래야 한다

우리가 소말리아를 처음 방문했던 때는 이슬람의 금식 기간인 라마단과 시기가 겹쳤다. 돌아오는 날에는 거리의 무슬림 군중을 피하기 위해, 동이 트기 전인 이른 새벽에 일찌감치 일어나 공항에 도착하였다. 라마단 기간에 이슬람 교도는 낮에 금식하고 해가 지면 식사하는데, 대체로 밤이 늦도록 자지 않는다. 그래서 이들이 자고 있을 새벽에 이동한 것이다.

공항에 도착해서도 케냐로 돌아가는 비행기를 타기 위해 하루 종일 기다려야 했다. 지붕이 양철인 대합실은 섭씨 40도를 육박하는 찜통이었다. 경비행기 조종사는 승객 12명이 차지 않으면 비행기를 띄울 수 없다고 고집했다. 답답하고 기약 없는 기다림 가운데 배까지 고팠다. 하지만 총성이 난무하는 모가디슈 시내에는 또 다시 들어가고 싶지 않았다.

비행기에 탈 승객 숫자가 채워지기를 기다리고 있는데, 캐나다 군용기가 병력을 내려놓고 나이로비로 돌아간다는 희소식이 들렸다. 양철 지붕 대합실에서 8시간이나 기다린 무렵이었다. 캐나다 군용기가 도착하자, 우리와 스웨덴 NGO 사역자 4명은 마치 천국 티켓을 받은 듯 기뻤다. 그러나 그 기쁨은 잠깐이었다. 2명의 캐나다 군인이 나이로비로 돌아가야 한다는 전갈이 왔다. 전쟁 중에는 군인 탑승이 우선이라는 원칙에 따라, 로욜라와 나는 모가디슈에 남게 되었다. 하지만 스웨덴 사람들은 탑승이 허락되었다.

사실은 우리가 스웨덴 사람들보다 공항에 먼저 도착했고, 탑승 신청도 먼저 한 것이었다. 하지만 캐나다 군용기가 한국과 필리핀 사람보다 스웨덴 사람에게 우선권을 준 것 같아서 약소국의 설움을 느꼈다. 우리는 아무 기약 없이, 그저 "다음 비행기를 이용하라"는 통보를 받았다. 그날 나는 나이로비를 거쳐 한국으로 가는 비행기를 타기로 예정돼 있었다.

'대한민국과 필리핀 국적 여권이 이렇게 인정받지 못하는구나'라고 생각하며 한탄하고 있는데, 우리의 사정을 들은 4명의 스웨덴 사람들 중에서 2명이 자진해서 우리에게 비행기 자리를 양보하였다. 우리에게 양보한 분은 그 NGO의 대표였고 목사였다. 그는 부대표와 함께 뒤도 돌아보지 않고 007 가방을 들고서 활주로를 가로질러 대합실로 돌아갔다. 그의 뒷모습을 보면서, 한계 상황에서도 양보하는 지도자의 자세를 배울 수 있었다. 그 덕분에 나는 나이로비로 제시간에 돌아올 수 있었다. 나는 그 스웨덴 목사에게 평생 잊지 못할 리더십을 배웠다.

15 | 복음이 차단된 소말릴란드

무슬림이 99퍼센트

소말리아 북부에 있는 소말릴란드(Somaliland)는 1980년대 이후 지속된 소말리아 전쟁 때문에 지친 소말리아 북부 사람들이 독립해서 정부를 세운 국가이다. CNN의 보도에 의하면, 계속되는 전쟁으로 치안은 엉망이고 기근과 전쟁이 끊이지 않고 있다. 국제적으로 가장 불안정한 나라이지만 한국 사람들에게는 잘 알려지지 않았다. UN에서 아직 인정하지 않는 미승인 국가이지만, 자체적으로는 행정, 사법, 정치가 독립된 나라이다. 1960년에 영국령 소말릴란드로서 식민지배를 받은 적이 있다. 그런데 1991년 5월 18일에 옛 영국령 소말리아 북부 지역이 소말릴란드 공화국으로 독립을 선포하였다.

소말릴란드는 지리적으로 소말리아, 지부티, 에티오피아와 접해 있고, 홍해 건너 예만에 인접해 있다. 정부에서 안정적으로 치안을 유지하려는 노력을 하고 있지만, 소말리아 반군 세력에 의한 테러로 위험 요소가 늘 도사리고 있다.

내가 이슬람 교도인 무슬림이 99퍼센트인 소말릴란드로 선교여행을 계획할 수 있었던 것은, 종교 난민이 되어 에티오피아로 피난와서 신학을 공부하고 있던 하산 사마타(Hassan Maygag Samata)를 만났기 때문이다. 그는 내게 기독교와 완전히 차단된 소말릴란드를 방문하여 복음을 전해 달라는 요청을 하였다. 나는 그의 요청을 '마게도냐의 부름'이라고 생각하였다.

당시 소말릴란드는 유엔에서 인정하는 나라가 아니었기 때문에 당연히 대한민국과 수교를 맺을 수 없었다. 공식적으론 입국할 통로가 없었다. 그래서 하산은 내게 소말린란드의 외무부장관인 에드나(Edna)를 연결해주겠다고 하였다. 에드나는 1991년 소말릴란드가 독립을 선포할 당시 초대 대통령이었던 압디 라만 아흐메드 알리 투르(Ali Tur)의 부인이었다. 그러나 1993년에 남편이 사망한 후에는 UN 직원으로서 영국에서 일했다. 그리고 소말릴란드로 돌아와서 외무부 장관으로 일하고 있었다. 그녀는 아마도 영국에 있을 때 기독교를 접한 듯했다. 하지만 이슬람이 국교인 소말릴란드의 장관이기에 자신이 기독교인이라고 말할 수는 없었다.

영국에서 돌아온 에드나는 영아 사망률이 엄청난 소말릴란드의 상황을 인지하고, 산부인과 병원을 세워 의료사역을 하고 있었다. 그 병원에는 기독교인 의사들을 고용하였다. 에드나의 말에 의하면, 소말릴란드가 1991년 독립한 이후 14년 동안 오직 4명만 희생될 정도로 치안이 안전하다고 했다. 실제로 우리 선교팀이 밤에도 자유롭게 거리를 활보하며 음식을 사 먹을 수 있을 정도로 안전하였다.

에드나는 소말릴란드와 한국은 특별한 관계가 있다고 말했다. 1960년대에 소말리아에서 한국으로 교육자문위원을 보낸 적도 있다고 하였다. 소말릴란드와 캘리포니아의 한국 교포 사회는 자매결연을 맺기도 했다. 그녀는 소말리아의 의료인들을 훈련시킬 수 있는 한국의 의료진과 소말릴란드와 한국을 잇는 경제인들이 필요하다고 말하였다. 특히 의료 환경이 열악한 소말릴란드에 한국 의료인들이 와서 일하면 좋겠다고 요청하였다.

소말릴란드의 에티오피아 지하교회

2004년 3월 29일, 나는 아프리카 선교사로 사역을 시작한 지 13년만에 홍해 연안에 있는 소말릴란드를 처음으로 방문했다. 소말릴란드 수도 하게사(Hargesa) 공항에 도착하자, 아디스아바바에서 받은 비자는 소용없으니 도착 비자를 다시 받으라고 하였다. 그리고 우리가 공항 밖으로 나가기 위해서는 1인당 50달러를 무조건 환전해야 한다고 했다. 그래서 모두 50달러씩 환전하였다. 하지만 공항 밖으로 나오니 환전상들이 좌판을 벌려놓고 있었다. 그들은 공시 환율의 2배로 환전하고 있었다. 경제가 불안전한 소말릴란드는 거의 모든 물자를 홍해를 통해 밀수로 들여오기 때문에 달러가 많이 필요했다. 그래서 정부와 관계없이 노상에서 환전하고 있었던 것인데, 정부도 별도로 제재하지 않았다. 우리는 눈뜨고 공항 절도범에게 속은 느낌을 받았다.

오랜 전쟁으로 경제가 불안정해진 소말릴란드의 화폐 가치는 지나치게 낮았다. 우리 팀이 식사한 후 지불한 식대가 백팩으로 한 가방일 정도였다. 식사 메뉴는 이탈리아 식민 통치의 영향을 받은 것인지 스파게티가 많았다. 양고기 구이도 먹었는데, 맛이 일품이었다. 시장한 탓도 있었지만, 소말릴란드에서 이런 음식을 맛볼 수 있다고 상상하지는 못했다.

나는 소말릴란드에 개신교 교회가 있다는 말을 듣고 놀랐다. 국가 종교가 이슬람교이고 99퍼센트가 무슬림인데, 교회가 어떻게 존재할까 궁금했다. 알고 보니 소말릴란드 사람들이 다니는 교회가 아니고 에티오피아 공산정부(1974-1991년) 시절에 종교 박해로 소말릴란드까지 피난 온 에티오피아 사람들이 지하교회를 만든 것이었다. 우리는 지하교회를 방문하여 비밀리에 함께 예배를 드리기로 하였다. 우리가 교회에 도착하자 교인들은 문을 걸어 잠그고 창문을 두꺼운 커튼으로 가렸다. 찬양 소리가 밖으로 흘러나가면 이슬람 종교 경찰에게 연행되어 감옥에 가기 때문이다. 그들이 큰 소리로 찬양을 부르지 못하고 가슴속으로 찬양을 삼키는 모습을 보면서 마음이 안타까웠다. 나는 이들에게 성령 안에서 힘을 내라고 설교하고, 소말릴란드에 복음의 푸른 계절이 올 수 있도록 간절히 기도하였다.

한번도 주의 이름을 부르지 않은 곳

2007년 1월 22일부터 24일, 소말릴란드로 2차 전도여행을 갔다. 전도팀은 그곳으로 가기 전에 아프리카의 더위 속에서 남부 에티오피아 지방을 여행하며 여러 날 동안 씻지 못했기 때문에, 아디스아바바에서 묵은 때를 씻어낸 다음 새로운 마음으로 하게사로 갔다. 소말리아 아디스아바바에서 소말릴란드 하게사까지는 비행기로 2시간이 걸리지만, 에티오피아 항공이 지연돼 오랜 시간 공항에서 기다려야 했다.

비행기가 지연되는 건 아프리카에서 통상적으로 발생하는 일이지만, 아프리카 공항에서 기약 없이 기다리는 일은 지루하고 힘들다. 긴 기다림 끝에 드디어 비행기가 출발하여 하게사에 도착했다. 우리는 에드나의 영접을 받고, 그녀가 운영하는 산부인과 병원의 게스트 하우스로 이동하였다.

도착한 다음날, 에드나의 소개로 하게사에 있는 고아원을 방문하였다. 나는 고아원 아이들에게 필요한 물품을 선물하고 요셉에 관한 성경 이야기를 해주었다. 그들은 유숩(Yusub)이 요셉을 의미하는 말이라는 걸 금방 알아차렸다. 우리에게 기독교 교리를 전하지 말라고 경고하였다. 무슬림에게 성경과 복음을 전하는 것은 매우 힘든 일이다. 우리는 성령께서 일하시도록 기도드렸다. 나는 소말릴란드에서 이렇게 아침기도를 드렸다.

"전능하신 하나님, 이른 아침에 우리가 하나님의 위대하심과 사랑을 찬양드립니다. 이곳은 한번도 주의 이름을 부르지 않은 장소입니다. 소말릴란드의 어린 생명이 탄생하는 이곳에서 주님께 아뢥니다. 하나님의 인자와 긍휼을 이들에게 부어주소서. 예수에 대해 무지한 이들을 용서하소서. 소말릴란드에 구원의 복음이 전해지고 생명 구원의 역사가 임하게 하소서. 우리 팀원들이 소말릴란드에서 하나님께서 주신 사명을 잘 감당하게 하소서."

소말릴란드에서 드린 아침 경건회는 감격적이었다. 99퍼센트의 인구가 알라를 신봉하는 이슬람 국가인 소말릴란드에서 하나님의 말씀을 나누고 중보기도를 할 수 있다는 건 꿈같은 일이었다.

나는 소말릴란드를 방문하는 중에 요나서를 강해하였다. 그날은 요나서 1장을 나누었다. 하나님께서 선지자 요나에게 니느웨로 가서 그들에게 회개를 외치라고 명령했지만, 요나는 선지자로서의 사명을 버리고 다시스로 도망하였다. 그는 하나님의 구원 계획과 관계없이, 니느웨는 반드시 멸망해야 한다고 단정하였다. 현대의 많은 사람들이 '무슬림은 반드시 멸망해야 한다'라고 주장하지만, '과연 하나님의 뜻도 그럴까?' 하는 생각을 하였다.

나는 1992년에 처음으로 소말리아를 방문했을 때, 돌을 든 성난 폭도들이 다음과 같이 외치는 소리를 들었다.

"외국인들이 우리에게 스푼(양식)을 가지고 온다고 해서 문호를 개방하였는데, 그들은 스푼 대신 스페어(무기)를 가지고 와서 우리를 죽이고 우리 땅을 빼앗으려 한다."

그들은 이런 구호를 외치면서, 모든 외국인을 보는 대로 처단하라는 명령을 내렸다. 나는 3일간 가택 감금 생활을 한 후에 소말리아를 탈출하면서 다시는 돌아가지 않을 것이라고 다짐했지만, 그 후에도 수없이 소말리아를 여행하며 구호사역을 하였다. 그리고 소말릴란드까지 와서 사역하였다. 하나님께서는 모든 사람을 절대 포기하지 않으시고, 그들이 주님께 돌아와 회개하고 하나님의 시민이 되기를 원하시기 때문이다.

척박한 아프리카의 뿔

소말릴란드는 홍해와 인도양이 만나는 아덴(Aden) 만을 끼고 있는 나라이다. 모양이 뿔 같아서 '아프리카의 뿔' 중 하나로 불린다. 극심한 가뭄으로 고통당하는 척박한 땅이다. 오랜 기간 지속된 부족 간의 싸움으로 농사를 지을 수 없고, 강수량이 적어서 작물을 재배할 수도 없다. 복음 없이 살아가는 소말릴란드 사람들이 이렇게 고생하다가, 죽어서도 천국에 들어가지 못한다면 너무나 불행하다는 생각이 들었다.

2차 전도여행의 세 번째 날인 24일, 홍해 연안 베르베라(Berbera) 항구와 해변을 방문했다. 이 항구를 통해 400만 명의 소말릴란드 사람들에게 필요한 물자가 들어온다고 한다. 오랜 전쟁으로 UN에서도 인정해주지 않는 이 나라에서 극빈으로 생활하고 있는 사람들에게 그리스도의 푸른 계절이 오기를 기도드렸다. 나는 모세가 출애굽을 한 홍해 바다가 소말릴란드 북쪽에 있다는 생각을 하면서, 이스라엘을 구원하신 여호와 하나님께서 소말릴란드도 구원해 주시도록 기도하였다.

16 | 부룬디의 영적 전쟁

중부 아프리카의 세계 최빈국

부룬디(Burundi)는 적도성 기후를 가진 아프리카의 작은 내륙국가이다. 아프리카 대륙 중앙에 있기 때문에 '아프리카의 심장'이라고 불린다. 평균 기온은 23도이고 평균 고도는 1700미터이며, 연 강수량은 1500밀리미터이다. 경도상으로 한국과 105도 서쪽에 있는 나라이며, 시차는 일곱 시간이다. 인구는 약 500만 명이며, 수도 부줌부라(Bujumbura)는 상당히 작은 도시이다. 부줌부라에서 가장 높은 빌딩이 고작 7층이었고, 돌아다니는 자동차와 사람이 적어서 조용했다. 내가 처음 방문했을 때는 수많은 거지와 병자들이 거리를 배회하고 있었다.

부룬디는 16세기부터 19세기 말까지 독립 왕국이었다. 1903년에 독일 식민지가 되었다가, 독일이 제1차 세계 대전에서 패배한 후에 통치권이 벨기에로 넘어갔다. 1962년에 벨기에로부터 독립한 후, 소수 부족인 투시(Tushi) 군부 독재자들이 지배했다. 1964년에 다

수 부족인 후투(Hutu)와 분쟁이 있었고, 투시족은 1972년 인종 청소로 불릴 정도의 심한 폭력을 후투족에게 자행하였다. 1980년대 중반에 큰 부족 전쟁이 또 일어났다.

전쟁이 지속되는 가운데, 1996년에 피에르 부요가가 대통령이 되었다. 2003년에는 후투 반군과 휴전을 맺었다. 그후 후투 출신의 도미티엔 은다이지예가 대통령직을 이어받았다. 그러다 2004년 8월에 콩고계 투시 부족 152명을 학살하면서 부족들 사이의 관계가 나빠지고 긴장이 심화되었다. 이런 질곡의 역사를 가지고 있는 부룬디는 국민총생산(GDP) 미화 370달러로, '세계 최빈국'이라는 오명을 들으며 살아가고 있다.

1991년 10월 29일, 나는 처음 방문하는 중부 아프리카의 부룬디로 가기 위해 여장을 간단히 꾸렸다. 나는 미지의 땅인 부룬디를 조사하면서 새로운 선교정보를 얻게 해달라고 기도하였다. 그때 아내는 둘째의 임신 9개월째에 접어들고 있었다.

우리는 부룬디로 가는 항공기 안에서 우연히 부룬디의 교통부 장관을 만났다. 그는 대령 출신으로 소련에서 5년간 유학한 사람이었다. 현직 장관이 이코노미 좌석을 탔다는 것이 한국인으로서는 이해하기 힘든 일이었다. 더 놀라운 것은, 일국의 장관이 처음 보는 외국인에게 자국의 어려운 형편을 말하는 것이었다. 부룬디 정부가 얼마나 어려운지 짐작할 수 있었다.

부룬디 사람들의 인사법

우리는 약 1시간 20분 동안 비행하여 부룬디의 수도 부줌부라에 도착하였다. 부줌부라 국제공항은 한국의 시외버스 대합실을 연상할 만큼 작고 시설이 낙후되어 있었다. 비행장에는 부룬디 장로교 지도자인 안드레 은다니에(Andre Ndanie)와 프라스퍼(Prosper)가 우리를 마중 나와 있었다. 그들은 우리에게 믿음의 형제들이었다. 비행장에서 안드류 형제가 나의 손바닥이 떨어져 나갈 정도로 세게 내려친 것이 이들의 인사법이라는 사실을 후에 비로소 알게 되었다. 나이가 제법 든 교회 지도자가 채신머리없이 손바닥을 내리친다고 생각했는데, 부룬디 사람들은 반가울수록 더 세게 내려친다고 한다.

인사법보다 충격적인 것은 프라스퍼의 집에 저녁 식사 초대를 받았을 때 일어났다. 프라스퍼의 부인으로 보이는 여인이 동행했던 선임 선교사의 품에 안기는 것이었다. 그들에게는 이상하게 여길 일이 아니었다. 그저 그들의 손님맞이 문화였다. 하지만 나는 순간적으로 '저 여인이 나에게도 와서 안길까?' 하고 염려하였다. 머릿속에서 어떻게 반응해야 할지 정리하기도 전에, 그 부인이 벌써 내 앞에 와 있었다. 나는 조심스레 볼의 양쪽을 번갈아 대고, 가볍게 포옹하며 '땀나는 인사'를 하였다.

부룬디의 주식은 옥수수, 쌀, 바나나, 생선 등이다. 프라스퍼는 바나나 튀김과 닭 커리와 쌀밥 등을 준비했는데, 이런 음식은 우리를 위해 상당히 고급으로 차린 것이었다.

부룬디 사람들은 보통 옥수수로 만든 우갈리로 간단히 끼니를 때운다. 모든 음식은 손으로 먹으며, 손가락에 묻은 양념까지 핥아 먹는다. 한 가지 특이한 것은, 그들이 식사할 때 콜라와 사이다 같은 탄산음료수를 많이 마시는 것이었다. 그들은 매운 음식을 거의 먹지 않으며, 상당히 짜게 먹는 편이다. 아마도 날씨가 더워 땀을 많이 흘리기 때문인 듯하다.

부룬디는 르완다와 자이레 등과 함께 벨기에의 식민지였던 나라이다. 그래서 이 나라는 공용어로 키룬디어 외에 프랑스어를 사용한다. 그래서 내가 받은 또 다른 충격은, 그들이 식탁에서 영어, 불어, 키룬디, 스와힐리 등 4개의 언어를 사용했다는 점이었다. 단일 문화권에서 단일 언어를 사용하며 성장한 나로서는 한 사람이 3-4개의 언어를 구사하는 걸 보면서 신기할 뿐이었다. 그들을 경이로운 눈으로 바라보게 되었다. 선교사로서 주님의 복음을 전하기 위해 여러 언어의 장벽을 반드시 뛰어넘어야 하는데, 한 나라 사람들이 3-4개 언어를 쓰고 있으니 그 벽을 넘어가기가 결코 쉽지 않아 보였다. 언어의 장벽으로 인한 소외감이 내게 엄습해 오는 것을 느꼈다.

우리는 3명의 수녀들이 운영하는 가톨릭 게스트하우스로 이동하여 투숙하였는데, 청결하게 관리되는 곳이었다. 하루 숙박비 350프랑(한화 1,225원)에 식사비 850프랑(한화 2,975원)을 포함해서 총 4,200원을 지불하면 되는 비교적 값싼 숙소였다. 깨끗하고 저렴한

곳에서 중부 아프리카 부룬디의 첫날 밤을 보내게 된 것을 주님께 감사드렸다.

무중구의 손을 잡은 검고 작은 손

당시 우리 선교부는 부룬디의 '중부 아프리카 복음주의 교회'(The Evangelical Church for Centural Africa, 이하 ECCA)라는 교단과 협력 사역하고 있었다. 우리는 부룬디에 도착한 다음날 미타카타카(Mitakataka)라는 지역을 방문하였다. 이 지역 주민들은 주로 옥수수, 바나나, 쌀 등의 농사를 지으며 살아가고 있었다. 우리가 이곳을 방문한 목적은 교회를 세우기 위함이었다.

부룬디에서는 야외에서 집회하는 것이 법으로 금지되어 있기 때문에, 예배를 드리기 위해 모이려면 건물이 반드시 있어야 한다고 하였다. 아마도 오랜 세월의 부족 갈등으로 내전이 있었기 때문에 집회의 자유를 제한한 것 같았다.

이곳의 교회는 카레게야 존(Karegeya John)을 중심으로 건축되고 있었다. 존은 20여년 전에 예수를 영접하였다고 간증하였는데, 신실해 보이는 청년이었다. 이 교회에 50여 명의 어린이가 모여 하나님의 말씀을 배우고 있었다.

우리가 마을에 도착하자, 흩어져 놀던 마을 아이들이 순식간에 모여들었다. 이 아이들은 처음 보는 우리를 무중구(mujungu, 스와힐리어로 '외국인이다'라는 뜻)라고 외치며 따라다녔다. 나는 한 아이의 손을 만져주면서 인사를 나누었다. 그 아이는 친구들에게 무어라고 말하며 기뻐하였다. 아마도 자기가 무중구의 손을 제일 먼저 잡았다고 자랑하지 않았을까? 나에 대한 두려움이 없어진 아이들은 서로 다투듯 나의 손을 만지며 신기해 했다.

우리 선교부의 원칙은 교회 개척을 위한 모든 경비를 무상으로 지원하지 않는 것이다. 그래서 교회를 건축하기 위한 모래와 돌과 노동력은 그들이 준비하고, 시멘트와 양철지붕 등은 선교부가 지원해주기로 했다. 미타카타카에 교회가 세워지고 하나님께 찬양드리게 된다는 것을 생각하니 나의 마음에 감동이 되었다.

우리가 교회가 지어질 터에서 완성될 교회를 기대하며 기도하는 동안, 네다섯 살 난 어린이 하나가 다가오더니 내 손을 조심스럽게 만지는 것을 느낄 수 있었다. 나는 그 아이의 손을 꼭 잡고서, 하나님께서 사랑하시는 이 아이가 그리스도 안에서 잘 성장하도록 기도드렸다.

나는 며칠 동안 부룬디를 방문하면서, 여러 차례의 회의에 참가하여 아프리카선교회의 부룬디 본부를 건립하는 일과 미타카타카 교회를 개척하는 일, 그리고 부룬디 현지인 목회자를 훈련시키는 일 등에 대해 전략을 수립하였다. 한국인이 한 명도 없는 부룬디는 복음 선교사역을 위해 너무나 할 일이 많은 나라다.

부룬디를 떠나기 전날, 우리는 한국을 방문했던 안드레 은자니에 목사의 집을 방문했다. 그들은 외국인 선교사가 자기 집을 방문해서 함께 식사하게 될 줄 상상하지 못했다고 말하였다.

그 집에서 만난 존(John)이라는 형제는 10년간 선교사의 집에서 요리사로 일한 사람이었다. 하지만 1년에 한번 크리스마스 때에만 선교사 가족과 함께 식사했다고 말하며 울음을 터트렸다. 아마도 오랜 기간 외국인 선교사로부터 소외감을 느끼며 일했던 것이 서러웠던 것 같다.

선교사가 선교지에 와서 함께 일하는 현지인과 1년에 고작 단 한 번, 예수님이 오신 크리스마스 때에나 식사했다는 것이 나에게는 아직도 이해되지 않는 일이다. '선교사는 과연 선교지에서 어떻게 살아야 하는가?' 나에게 많은 생각을 하게 하는 저녁이었다.

나는 '현지인들과 좀더 친밀해지고 같아지는 삶은 과연 무엇인가'를 고민했다. 다른 외국 선교사들이 걸어온 길과 조금은 다른 길을 걷고 싶다는 생각을 했다. 현지인들과 좀 더 친밀한 선교사의 자리를 지켜야 하겠다는 생각도 하였다.

중부 아프리카 복음주의 교회 총회

1992년 2월, 부룬디에서 중부 아프리카 복음주의 교회(ECCA) 교단 총회가 열렸다. 이 총회에서 결의된 중요 사항은 전임 교역자를 위한 사택과 사례비 문제, 세례 및 성찬에 대한 문제, 교단 조직 편성, 교단 베이스(본부) 개발을 위한 전략 등이었다. 또한 총회가 열리기 전인 2월 21일에는 카세니(Kaseni) 교회 성도 11명이, 2월 22일에는 84명의 성도들이 탕가니카(Tanganica) 호수에서 세례를 받았다. 이 세례식은 임종표 선교사의 집례로 거행되었는데, 임 선교사는 세례받은 자들에게 기독교인으로서 순결한 삶을 살 것과 하나님의 나라를 전파하는 일에 100퍼센트 헌신된 삶을 살 것을 강조했다.

ECCA에 속한 교회들은 대부분 가난하기 때문에, 건물을 임대해서 예배를 드리고 있었다. 그러나 그 총회에서 처음으로 부룬디의 수도인 부줌부라 시내의 부이사라는 지역에 대지를 구입해 교회를 건축하기로 결정하였다. 그렇게 해서 건물을 세운 교회가 부이사(Bwisa) 교회였다. ECCA선교부의 전략은 부이사 교회를 모교회로서 개발해 부룬디 전국의 교회를 튼튼히 세우는 것이었다.

우리는 교회를 짓기 전에 다음과 같은 원칙을 세웠다. 첫째, 교회 건축을 위한 부지는 현지 교인들이 구해야 한다. 둘째, 교인들은 날연보(Day Offering)을 하고, 벽돌 모으기 운동과 나무 모으기 운동과 돌 모으기 운동에 참여한다. 이러한 원칙을 세운 목적은 현지 교인들의 자립심을 길러주려는 것이었다.

부룬디의 ECCA에 속해 있는 10개의 교회들은 문맹 퇴치 운동을 하기로 결정하였다. 부룬디 국민의 80퍼센트 이상이 문맹이기 때문에, 이들이 살아있는 하나님의 말씀을 읽을 수 있도록 글을 가르치는 일은 선교에서 상당히 중요하다. 교회가 중심이 되어 문맹을 퇴치하고 교인들을 교육하는 일에 앞장선다면, 부룬디 복음화에 큰 견인차가 될 것이었다.

ECCA는 하나님의 은혜로 부룬디 정부로부터 시내 중심부에서 약 10분 떨어진 탕가니카 호수 근처에 60에이커(8만 평)의 땅을 얻었다. 이곳은 아프리카 불어권 선교를 위해 요긴하게 사용할 수 있는 요지이다. 이곳에 세워지는 선교본부를 통해, 중부 아프리카의 맘모스 국가인 자이레, 중앙아프리카 공화국, 챠드, 루안다, 부룬디, 카메룬, 가봉, 콩고 등의 불어권에서 선교할 수 있을 것이다. ECCA는 부룬디 정부로부터 진료소를 개발하도록 허가받고 이 땅을 얻었다. 부룬디에는 의료 시설이 거의 없기 때문에 질병으로 고통을 받는 사람들이 많다. 이들을 치료하고 효과적으로 복음을 전파하기 위해 의사와 간호사 등 헌신된 의료선교사가 필요하다. 하나님께서 부룬디의 수많은 환자들을 치료하기 위한 선한 사마리아인을 보내주시기를 기도드렸다.

청소년 집회에 역사한 군대 귀신

부룬디의 수도 부줌부라에서 약 30-40분 떨어진 곳에 카세니(Kaseni)라는 마을이 있다. 나는 카세니 교회를 방문해서 함께 예배드렸다. 카세니 교회는 청년들이 토요일에 모여 예배를 드리는데, 100여 명이 참석하였다. 청년들은 예배당 뒤에 타고 온 자전거를 세워놓고 맨발로 들어와서 예배를 드렸다. 예배가 시작되자 상당히 오랜 시간 동안 춤을 추고 찬양을 드리며 기뻐하는 모습을 볼 수 있었다. 그들은 북과 기름통에 돌을 담아 만든 독특한 악기를 사용하였다. 신을 신지 못해서 발이 거칠어지고, 먹을 것이 부족해서 배를 움켜쥐어야 하면서도 하나님을 찬양했다. 남루(襤褸)한 의복만 보면 영락없는 거지 모습인데, 무엇이 그리 기뻐 춤추며 찬양하고, 얼굴은 활짝 핀 백합처럼 아름다울 수 있을까? 그 비밀은 과연 무엇일까 생각해보았다. 나는 그날, 좋은 의복과 신발 같은 물질이 찬양의 근원이 아님을 다시 한번 확인했다. 아무것도 가진 것이 없지만, 즐겁게 춤추며 찬양을 드리는 부룬디의 청년들을 보면서, 물질적인 것보다 내면에서 솟아나는 영적 기쁨이 찬양의 기본이라고 생각하였다.

ECCA 교단에 소속된 교회에서 500여 명의 청소년이 연합수련회에 참석했다. 청소년들은 서로 다른 교회를 다니다가 처음 만났기에 서먹했지만, 짧은 시간 안에 친구가 되어 함께 찬양하고 게임을 하면서 즐거운 교제를 나누었다.

설교 말씀을 듣는 시간에 갑자기 한 아이가 소리를 지르며 발작을 일으켰다. 이런 상황에서, 성령께서는 나에게 마가복음 5장 1-20절에 나오는 '거라사 지방에서 군대 귀신에 사로잡힌 청년이 치유된 사건'을 생각나게 하셨다. 귀신 들린 청년은 가족과 마을 사람에게 버림받고 무덤 사이에서 거주하며 고통 가운데 밤낮으로 비명을 질렀다. 그러나 그 지방에서는 그에게서 귀신을 쫓아낼 수 있는 사람은 없었다. 소름끼치는 그의 비명을 모두 두려워하였다.

그때 거라사 지방 반대편 가버나움에 계시던 예수께서 이 소식을 듣고, 갈릴리 밤바다의 폭풍을 뚫고 거라사 지방에 오셨다. 예수께서 권능의 말씀으로 귀신들린 청년을 향해 "더러운 귀신아 그에게서 나오라"고 명령하시자, 군대 귀신이 그에게서 나와 2천 마리의 돼지 떼에게 들어가 갈릴리 바다에 수장되었다. 나는 이 사건을 믿고서, 귀신 들려 발작하는 청소년에게 갔다. 그리고 설교를 방해하는 귀신에게 명령하였다. "더러운 귀신아, 이 아이에게서 나오라!"

내가 귀신에게 명령하자 귀신은 옆에 있는 다른 아이에게 들어가더니 또 발작하고 비명을 지르게 하였다. 청소년들에게서 마귀를 쫓아내는 기도를 하는 동안, 우리는 이리저리 뛰어다니는 마귀의 졸개들을 보는 듯했다. 나와 선교팀은 여러 아이들에게 발작을 일으키는 마귀를 대적하는 기도를 하면서, 마치 두더지 게임을 하는 것 같기도 했다.

중부 아프리카 부룬디에서 역사하는 마귀의 역사는 선교팀이 미국에서 볼 수 없는 것이었다. 선교팀은 참으로 강력한 영적 전쟁을 경험한 것이다. 마귀가 예수님 당시와 마찬가지로 여전히 우리 가운데에서 역사한다는 것을 실감할 수 있었다. 또한 어떤 영적인 공격일지라도 예수 이름의 능력으로 승리할 수 있다는 것을 체험하기도 했다.

아프리카는 성령의 역사가 큰 만큼 악한 영들이 강하게 역사하는 곳이다. 영적 전쟁에서 마귀의 세력을 누르고 예수의 복음을 선포하기 위해서는 많은 기도가 필요하다. 특히 선교사들은 영적 전쟁터인 선교지에서 강력한 기도 없이는 일할 수 없다.

1992년 6월과 7월 사이에 진행된 부룬디 3차 전도여행에서도 영적 전쟁을 치러야 했다. 이 여행에는 미국 일리노이 커버넌트펠로우쉽교회(CFC)와 와싱턴교회에서 온 26명의 청년들이 동참하였다. CFC에서 아프리카 단기선교 단원을 모집한 기준은 다음과 같았다. 제자훈련을 받은 자, 새벽기도회에 개근한 자, 모라비안 교도처럼 24시간 체인 기도에 참여한 자, 열심히 공부하고 타에 모범이 되는 자, 한달 동안 매일 모여 현지인의 언어를 습득하고 현지인의 찬양을 연습한 자, 그런 다음 중보기도를 드린 후에야 단기선교팀에 들어올 수 있었다. '훈련되지 않은 병사는 아군을 사살한다'라는 생각으로, 강한 영적 훈련을 시킨 후에 단기선교에 참여시킨 것이다.

그들의 전도여행 도중에 열린 부흥회의 마지막 날에, 스무 살 가량의 청년이 갑자기 거품을 품고 넘어지면서 큰 소리를 지르며 발작을 일으키기 시작했다. 내가 이사야 6장 말씀을 통해 하나님의 거룩하심이 온 땅에 충만함을 선포하는 순간이었다. 발작을 시작한 청년은 큰 소리를 지르며 설교를 방해하였다. 부흥회에 참석한 400여 명은 놀라서 그 청년에게 모두 시선이 집중되었다.

나는 청년에게 다가가 "예수의 이름으로 명하노니 이 청년에게서 나오라"고 꾸짖었다. 예수 이름의 능력으로 마귀를 대적하고 청년을 위해 치료의 기도를 드린 후 청년은 잠잠해졌고, 예수를 구주로 영접하였다. 선교 현장에서 우리의 싸움은 혈과 육에 속한 것이 아님을 또 한번 강하게 느낄 수 있었다. "쉬지 말고 기도하라"는 바울 사도의 권고의 말씀이 새롭게 느껴지는 하루였다.

무슬림의 개종과 여름성경학교

선교에서 가장 중요한 사역 중의 하나는 역시 교회 개척(church planting)이다. 우리 팀은 이번 전도여행을 통해 새로운 교회를 세우기로 결정했다. 부룬디의 수도 부줌부라에서 약 40분 떨어진 루시바(Rusiba)라는 지역을 방문해 7월 14일과 15일 이틀간 천막을 치고 부흥회를 하면서 교회 개척을 준비하였다. 낡은 천막을 쳐놓고 탕가니카(Tanganika) 호수에서 불어오는 강한 바람을 맞으며 부흥회를 열었는데, 성령께서 강하게 역사하셨다. 부흥회에 모인 300여 명은 하나님의 말씀을 들었고, 모두 무릎을 꿇고 성령 받기를 기도했다.

무릎을 꿇은 사람 중에 우리 선교팀이 타고 다닌 차를 운전한 기사가 있었다. 그는 무슬림이었다. 우리가 그를 처음 만났을 때 예수를 전하자, "모하멧이 예수보다 큰 자다"라고 말하던 사람이었다. 하지만 그는 이날 복음을 듣고서 주님을 영접하는 기도를 드렸다. 세상의 어떤 이방 신보다 크신 하나님의 능력이 이 사람을 바꾼 것이다. 우리 팀원들은 루시바 교회가 이 기사 같은 무슬림뿐 아니라, 이방 종교의 공격을 이기고 튼튼하게 자라갈 수 있도록 기

초등학교 교사훈련학교
2011년에 열린 교사훈련학교 단체사진.

도했다.

1992년 6월 16일에서 19일, 사흘간 진행된 주일학교 교사수련회는 30여 명의 현지인 교사들과 26명의 단기선교팀이 어우러져 진행되었다. 아프리카 사람들을 위한 찬양과 율동, 주일학교 교육을 위한 자료를 만드는 법, 레크레이션 인도법을 함께 연구하고 가르쳤다. 중부 아프리카의 조그마한 나라 부룬디에서 흑, 백, 황의 젊은이들이 함께 모여 예수 소동을 일으키고 있다는 사실 때문에 가슴이 흥분되고 뜨거워졌다.

마지막 토론 시간에 한 원주민 교사가 질문하며 하소연했다. "우리는 교재와 자료가 부족하기 때문에 아이들을 제대로 가르칠 수 없다"는 말이었다. 나는 이 질문을 한 교사에게 "중요한 것은 좋은 자료와 교재가 아니라 아이들을 사랑하는 교사의 열정"이라고 조심스럽게 말해주었다.

이번 전도여행 기간 중에 우리 선교팀은 부룬디의 주일학교 교육을 활성화하기 위해 아홉 개 교회를 방문하여 여름성경학교를 진행하였다. 부룬디의 교회에는 어린이들이 많지만, 훈련된 교사는 절대적으로 부족하다. 그렇다고 "어린 영혼들을 어찌하시렵니까?" 하는 한탄만 하고 있을 수 없기 때문에, 짧은 시간이지만 내가 어린 시절에 한국에서 참석했던 여름성경학교를 이곳에서 개최하였다. 나는 어릴 때 여름성경학교 교가를 부르면서 신앙생활을 했던 것을 잊을 수 없다.

"흰 구름 뭉게뭉게 피는 하늘에 / 아침 해 명랑하게 솟아오른다 / 손에 손을 마주 잡은 우리 어린이 / 발걸음 가벼웁게 찾아가는 길 / 즐거운 여름학교 하나님의 집 / 아 - 아 - 진리의 성경 말씀 배우러 가자!"

부룬디에서 열린 여름성경학교에 작은 교회에서는 200여 명이, 큰 교회에서는 600여 명의 어린이들이 모였다. 좁은 공간에서 찬양을 배우고 말씀을 듣고 성경을 암송하는 일이 진행되었는데, 참석한 아이들은 모두 초롱초롱한 눈으로 찬양하며 기뻐하였다.

부룬디 교회는 어린이를 위한 기독교 교육 분야는 거의 전무하기 때문에, 교육은 다음 세대 신앙교육을 위해 넘어야 할 큰 산이다. 참된 기독교 교육을 통해 부룬디에 다음 세대를 이어갈 예수의 제자들이 더 많이 나올 수 있도록 기도해야 한다.

부룬디 현지인 목회자훈련

사실 부룬디 교회에서 가장 취약한 부분은 지도자 교육이다. 대부분의 목회자들은 초등학교를 겨우 졸업했다. 그래서 우리 선교부는 현지인 교회 지도자들이 목회를 잘할 수 있도록 신학교를 운영하고 있다. 이 학교의 학생들은 모두 교회 현장에서 목회하고 있는 목사들이다. 목회자들의 사정에 따라 1년에 몇 차례 모여 공동생활을 하며, 집중 강의를 통해 신학 교육을 받는다.

그해의 집중 강의는 단기선교팀을 이끌고 미국에서 온 정민용 목사가 담당하였다. 요한복음을 강의했는데, 강의 시간에 미국에서 가져온 볼펜과 노트를 나눠주었다. 늙은 학생들이 만면에 미소를 띠고 기뻐하였다. 시간이 지날수록 학생들의 자세는 진지해졌다. 자기 나라와 교회를 위해 무릎 꿇고 전심으로 기도드리는 모습을 보면서, 부룬디가 그리스도의 복음으로 변화될 것이라는 확신을 갖게 되었다. 아프리카 성인 남자들은 절대 무릎을 꿇지 않기 때문이다. 이들이 주님 앞에서 낮아져 매일 아침과 저녁에 무릎 꿇고 기도드리는 모습은 내가 보기에도 흥분이 되었지만, 무엇보다 주님을 흥분하시게 만드는 일이라는 생각이 들었다.

늙은 신학생들은 강의가 끝난 밤에도 모여서 찬송을 부르고 서로 간증하며 은혜를 나누었다. 아마도 사도행전에 나오는 초대교회 성도들이 말씀을 공부하고 기도하고 찬송하는 모습이 이러했으리라는 생각이 들었다.

잊지 못할 사건은 2주간의 공동생활을 마치고 기념 촬영을 할 때 일어났다. 사진을 찍으려는 순간 기소부(Gisobu) 교회를 담임하고 있는 타시스(Tharcisse) 목사가 "모두 잠깐 기다려달라"고 소리쳤다. 모두 어리둥절해서 기다리고 있는데, 교실로 달려간 그가 목회자훈련을 시작할 때 받은 노트와 볼펜을 가지고 나오더니 "학생은 학생답게 사진을 찍어야 한다"고 말했다. 그 문구를 듣고서 사진을 찍자는 말이었다. 그러자 모든 목사들이 교실로 달려가 노트와 볼펜을 들고 와서 카메라 앞에 섰다. 그 모습을 보며 한참 웃었다. 한편으로는 어린아이같이 순수한 이들에게 성령께서 강하게 역사해주실 것을 간구하였다.

목회자훈련학교
하나님의 말씀에 대한 강의에 집중하는 아프리카 목회자들.

산꼭대기 교회와 광야의 교회

우리 선교팀은 이 전도여행 기간중에 총 9개의 교회를 방문하였다. 첫 번째로 방문한 기소부 교회로 가려면 2시간 동안 산을 타고 올라가야 했기 때문에 힘들었지만, 인상에 가장 많이 남았다. 기소부 교회에서 목회하는 타시스 목사는 우리가 그 교회까지 방문해서 먹고 자며 성경학교와 부흥회를 인도한 최초의 외국인이라며 감사의 말을 전했다.

학교와 문화 시설이 전혀 없는 지역에서 진행하는 성경학교는 기소부 교인뿐 아니라 우리 선교팀에게도 잊을 수 없는 감격스러운 일이었다. 타시스 목사는 이 기간 동안 아내가 말라리아로 고열과 설사로 고생하는 가운데에서도 하나님께 기도드리며 우리 팀을 섬기는 성숙한 모습을 보여주었다. 타시스 목사는 원래 예수 믿는 자들을 욕하고 구타하면서 핍박하던 사람이었다. 하지만 예수로 인해 완전히 변화되어 복음 전파 사역에 삶을 드리게 되었다.

두 번째로 방문한 루카라무(Rukaramu) 교회는 황량한 광야에 있었다. 심한 먼지바람으로 많은 아이들이 감기에 걸려 있었다. 이곳에서 목회하고 있는 존(John) 목사는 4명의 자녀를 두었는데, 첫째는 심한 안질로, 둘째는 정신 질환으로, 넷째는 치통으로 고생하고 있었다. 그러나 월 40달러로 생활하고 있어서 재정이 몹시 어려웠다. 우리는 루카라무 교회를 통해 황량한 광야가 변화되어 그리스도의 복이 흘러가는 교회가 되도록 간구하였다.

부줌부라 대학생 부흥집회

선교사역에서 가장 중요한 일은 다음 세대로 복음 전도가 이어져야 하는 것이다.

부룬디대학교(University of Burundi)는 부룬디에서 최고의 명문 대학교이다. 이때 선교팀은 일리노이대학교(University of Illinois) 학생들로 구성된 것이어서 부룬디 대학생들과 교류가 이루어지면 좋겠다는 생각이 들었다. 우리는 먼저 스포츠를 통한 친교 시간을 가졌다.

CFC 교인들로 구성된 일리노이 대학교 농구팀과 부룬디 대학교의 농구팀이 경기를 하게 되었다. 부룬디 선수들은 2미터가 넘는 장신이 대부분이었다. 물어보니 부룬디 국가대표 선수들이라고 하였다. 부룬디 국가대표와 우리 선교팀의 아마추어 농구팀과의 경기 결과는 거론하지 않겠다. 하지만 스포츠 교제를 통해 부룬디 국립 대학교 학생들을 대상으로 부흥회를 개최할 수 있었던 것은 감사한 결과이다. 함께 농구를 했던 부룬디 선수들과 응원했던 학생들이 다 부흥회에 참석하였다.

우리 선교팀이 하나님의 말씀을 전하기 전에 대강당에서 찬양을 부를 때, 모두 성령의 강한 임재를 느꼈다. 나의 가슴에는 큰 감동이 몰려왔다. 나는 중보기도를 드리면서, 부룬디의 미래를 책임질 대학생들에게 성령께서 임재해달라고 간청하였다. 설교를 마친 후 부룬디 대학생들을 복음으로 초청하였는데, 대부분이 예수를 구주로 영접하였다.

우리가 방문했던 때의 다음 해인 1993년 7월, 부룬디에서 민주 선거가 치러져 처음으로 후투 부족 출신인 멜키오르 은다다예(Melchior Ndadaye)가 대통령으로 선출되었다. 그는 후투족 난민들의 귀환을 돕는 정책을 펼쳤는데, 안타깝게도 3개월 만에 투치계의 극단주의 장교들의 쿠데타로 암살되었다. 쿠데타는 1주일 만에 서방세계의 원조 중단 압력과 여론의 반발로 진압되었다. 이후 시프리앵 은타랴미라(Cyprien Ntaryamira)가 대통령이 되었고, 투치족 출신을 총리로 임명하였다. 하지만 집권 2개월 만에 평화협정을 위한 회담을 하러 가던 도중에 비행기에 타고 있던 르완다 대통령과 함께 사망하고 말았다. 비행기가 요격당한 것이다. 이 사건이 계기가 되어 발생한 부룬디의 내전으로 무려 25만 명이 사망하였다. 이 비행기에 르완다 대통령도 타고 있었기 때문에, 이 사건은 르완다 내전에도 밀접한 원인이 됐다.

우리 선교팀이 1992년 7월에 부룬디 대학교를 방문하여 부흥 집회를 열었을 때 예수를 영접했던 대학생들 중에, 1년 후 일어난 내전으로 다수가 사망했다는 소식을 듣고 마음이 몹시 아팠다.

아프리카 내전의 주요 원인은 부족 간의 갈등이다. 역사적인 원인은 외세의 식민 지배라고 볼 수 있지만, 어쨌든 부족 간의 갈등과 세력 다툼으로 수많은 사람들이 사망하고 국가 발전에 장애가 된 것은 사실이다. 그러므로 아프리카 선교는 부족 간의 갈등을 타파하는 장기적인 계획을 수립해서 진행할 필요가 있다.

마귀가 아프리카에서 가장 보편적으로 사용하는 무기는 '다르다'(different)라는 생각을 불어넣는 것이다. 그들에게 다른 것은 나쁜 것이다. 다른 부족을 나쁘게 볼 뿐 아니라 평범하지 않은 모든 것을 나쁘게 본다. 그래서 흔하지 않은 쌍둥이마저 나쁘게 보고 둘 중 하나를 버리는 것이다. 선교사는 마귀의 이런 전략을 타파하기 위해 '예수 안에서는 모두가, 모든 것이 동일하다'라고 가르치는 것이 중요하다.

황금 간장으로 잰 불고기

부룬디는 부족 간의 갈등으로 오랜 내전을 겪으면서 산업이 발전하지 못했다. 그 결과 세계에서 가장 가난한 나라로 전락해버렸으며, 나라가 안정되지 못했다. 전쟁이 지속되면 정부가 치안을 위해 나라의 모든 재정을 군인과 경찰들의 월급으로 지불해야 하므로 산업에 투자할 수 없다. 따라서 부룬디에는 산업이 없고, 거의 모든 물자를 외국에서 수입해야 하므로 물자가 귀하고 가격 또한 너무 비싸다. CFC 선교팀은 전도여행 기간에는 '노 맥도날드, 노 코카콜라'(No-MacDonald, No-CocaCola) 원칙을 세웠다. 미국에서 오는 선교팀이지만 미국 음식을 가져오는 것을 금하고, 선교여행 중에는 현지인이 주는 음식만 먹어야 한다는 원칙이다.

5주간의 선교여행을 마치고 마지막 날에 평가회를 열었다. 선교여행 중에 가장 힘들었던 일을 나누는 시간이었는데, 팀원 중에 유일한 백인이었던 짐 메이어(Jim Mayor)는 섭씨 35도를 웃도는 살인 더위 가운데 목이 마른 것이 가장 힘들었다고 말했다. 그러면서 "코카콜라 한잔 마시면 소원이 없겠다"고 말해서 모두 웃었다. 미국에서는 물처럼 흔한 코카콜라 한잔을 마시지 못하고 5주 동안 뜨거운 아프리카에서 사역하였으니, 하나님께서 다 보시고 보상해주실 것이라고 그를 위로했다.

나는 이 부룬디 전도여행 도중에 33번째 생일을 맞이하였다. 5주간의 선교여행을 마치면서 마지막으로 사랑의 애찬(Love Feast)을 나눌 때, 나의 생일 파티를 겸하기로 하였다. 현지에서 소고기를 샀는데, 고무줄처럼 질겼다. 청년 선교팀과 함께 오신 나이 드신 여집사님께서 그 고기로 불고기를 만들자고 제안하셨다. 불고기를 만들기 위해 이탈리아 사람이 운영하는 가게에서 간장을 몇 병 구입했는데, 박카스 한 병 크기임에도 가격이 무려 5달러였다. 간장 값이 금값 같았다. 양파는 현지 시장에서 구했고, 그 비싼 간장으로 고기를 잴다. 우리는 꿀맛 같은 불고기 파티와 함께 5주간의 부룬디 선교여행을 마쳤다.

17 르완다에서 희망 찾기

천 개의 언덕의 땅의 비극

르완다(Rwanda)는 아프리카 중부에 위치한 작은 내륙국이다. 열대의 국가이지만 높은 곳에 있어서 '천 개의 언덕의 땅'이라 불리는 비옥하고도 험한 지형이 특징이다. 하지만 '아프리카의 스위스'라는 별명이 있을 정도로 자연경관은 아름답다. 비교적 온화한 기후를 유지하고 있으며, 아프리카에서 인구 분포가 가장 조밀하다.

르완다는 19세기 말부터 독일의 지배를 받다가, 독일이 1차 세계대전에서 패망하자 1919년부터 유엔군으로 참전했던 벨기에의 위임 통치를 받았다. 1946년부터 벨기에의 신탁통치를 받다가 1962년 7월 1일에 독립하였다. 독립한 이후에는 투치(Tushi)와 후투(Hutu)라는 두 부족 사이의 갈등으로 유혈 사태가 반복되었다. 특히 1994년 4월에서 7월까지 일어난 두 부족 사이의 내전으로, 당시 총인구 700만 명 중에서 약 100만 명이 사망하고 300만 명이 난민이 되었다. 이것이 21세기 최대의 종족 학살(genocide) 전쟁으로 기록되었다.

르완다의 종족 갈등의 시작은 벨기에 군대가 수도 키갈리를 점령하고 위임 통치령을 시작한 1919년으로 거슬러 올라간다. 벨기에는 효과적인 통치를 위해 투치족과 후투족을 차별하는 정책을 펼쳤다. 전체 인구의 85퍼센트를 차지하는 후투족을 고립시키고, 소수인 투치족을 우대해 식민 통치의 말단 관료집단으로 삼았다. 투치족은 벨기에의 신탁통치 기간에 후투족의 지도자들을 집단으로 살해했다.

종족 학살 현장의 구호 사역

1962년에 벨기에로부터 독립한 다음, 정권을 잡은 후투족은 투치족을 이웃 나라 부룬디로 추방했다. 이듬해, 투치족이 후투족이 다스리는 르완다를 기습 공격했다. 이로 인해 엄청난 골육상잔(骨肉相殘)의 비극이 시작되었다.

본격적인 종족 갈등은 1994년 4월 6일, 후투족 출신의 하비아리마나 대통령이 투치족의 비행기 테러로 사망하자 후투족이 복수하면서 시작되었다. 후투족은 1994년 4월 9일부터 11일까지, 단 3일 동안 무려 2만 명의 투치족을 학살했다. 르완다 정부의 당시 통계에 따르면 100일 동안 117만 4천 명이 사망했다고 한다. 하루에 4

백 명, 1분에 7명이 사망한 꼴이다. 이로 인해 40만 명의 전쟁고아와 50만 명의 과부들이 생겨났다. 이 과정에서 약 25만 명의 여성들과 여자아이들은 르완다 육군(Rwandan Armed Forces, RAF)을 비롯한 군인들에게 성폭력을 당했다. 이때의 성폭력은 에이즈 전염의 또 다른 수단이 됐다.

한편, 약 2백 50만 명이 죽음의 공포에서 피하기 인해 나라를 떠나 난민이 됐다. 이들은 인접국인 자이르(Zaire), 탄자니아(Tanzania), 부룬디 등의 난민수용소로 분산 수용되었다. 그러나 수많은 사람들이 정신적 충격과 영양실조, 말라리아, 장티푸스, 에이즈 등의 질병을 견디지 못하고 죽어갔다. 1994년 7월 한달 동안 자이르 고마(Goma) 난민촌에 머물던 100만 명의 난민 중에서 무려 4만 3천 명이 사망했다는 보고가 있을 정도였다.

나는 당시 자이르의 고마 난민촌에서 사역하는 동안 끔찍한 장면을 자주 목격하였다. 구호사역을 하기 위해 매일 아침 10킬로미터 정도의 도로를 달리며 출근하는 동안, 밤새 사망한 시체들이 아스팔트 도로에 즐비하게 놓여 있는 모습을 보아야 했다. 아일랜드 NGO는 다이너마이트를 터트려서 큰 구덩이를 만들고 시체를 집단으로 매장하였다.

르완다 난민이 겪은 고난은 여기서 끝나지 않았다. 당시 주변국인 부룬디와 자이르의 내전이 악화되고 있었기 때문이다. 이런 나라에 대량으로 유입된 르완다 난민 수십만 명은 그 나라의 내전에 휩쓸려 또 다시 학살당해야 했다. 1997년에는 자이르에서 귀환하던 르완다 난민 20만 명이 한꺼번에 행방불명되는 믿지 못할 사태까지 발생할 정도였다. 대량학살은 내전이 일어나는 아프리카 지역에선 공공연한 일이었다.

부족간의 갈등과 폭력으로 발생한 '르완다 전쟁 재앙'에 대해, 나를 포함한 우리 한국 선교사들은 강 건너 불구경하듯 방관하지 않았다. 특히 PCK 교단 선교사들은 지구 반대편에서 죽어가고 있는 검은 형제들의 소식을 듣고서, 우리와 상관없는 먼 나라의 비극이라고 생각하지 않았다. PCK에서 파견된 임종표, 이은용, 안종렬, 서숙자 선교사는 UN에 등록한 NGO KEMAR를 통해 한국에서 지원나온 한양대학교 의료봉사단과 굿네이버스(Good Neighbors)와 함께 적극적으로 구호사역에 참여하였다.

PCK는 1994년 교단 사회부의 지원을 통해, 100만 명의 난민이 거주하는 중부 아프리카 자이르 고마 지방에 구호사역본부를 설치했다. 특히 난민들이 많이 모여 있는 비루마(Biruma)와 루가리(Rugari) 두 캠프에서 구호사역을 진행했다. 우리는 이곳에 있는 1,500명의 난민에게 매일 식량을 제공했다. 질병으로 죽어가는 난민을 구하기 위해 의료선교팀을 초청하였고, 의료팀은 간이진료소에서 전쟁으로 다친 생긴 환자들을 치료하였다. 또한 천막학교를 세워 5백 명의 난민 어린아이들을 교육함으로써 미래지향적인 르완다 재건을 도모했다.

지어주는 것보다 중요한 관리

나는 아프리카에 선교사로 파견되어 나온 지 한달 반 만이던 1991년 11월 1일부터 5일까지, 선임 선교사와 함께 중부 아프리카 르완다를 조사하는 여행을 했다. 우리가 탄 비행기는 좌석이 20개인 소형이었는데, 높은 창공을 비행하는데도 마치 울퉁불퉁한 자갈길을 달리는 트럭에 탄 느낌이었다. 작은 비행기는 난기류(turbulence)를 지날 때마다 몹시 흔들렸다. 불과 300킬로미터 정도를 비행했을 뿐인데, 손에 땀을 쥐게 하는 긴장의 연속이었다. 그 와중에 작은 항공기 창으로 내려다보이는 르완다는 여러 종류의 나무들과 바나나 숲으로 덮여 있어서 몹시 평화롭게 보였다. 성냥갑만한 집들과 자전거를 탄 사람들이 가끔 보였다. 하늘에서 내려다본 사람들은 마치 개미가 기어가는 것 같았다.

르완다국제공항 역시 한국의 시외버스 터미널 수준이었다. 이민국 직원들은 모든 서류를 수기로 작성했기 때문에, 승객들은 비자 발급을 받기 위해 오랜 시간을 기다렸다.

세관을 통과하여 르완다 공항의 입국장을 나가니, 르완다장로교회의 지도자인 아벨(Abel)과 길버트(Gilbert)가 우리를 마중나왔다. 그들은 우리를 르완다장로교회에서 운영하는 게스트하우스로 인도하였다. 유럽의 개신교 선교사들이 돌로 지어놓아 튼튼한 건물이었다. 하지만 막상 들어가 보니 건물 안은 관리가 되지 않아 엉망진창이었다. 악취가 심했고 커다란 바퀴벌레들이 기어다녔다.

선교사들이 좋은 건물을 세웠지만 투숙객이 불쾌감을 느끼도록 방치한 것을 보면서, 선교사들의 수고가 빛을 보지 못한다는 생각이 들어 안타까웠다. 바퀴벌레와 악취와 전쟁을 치르며 르완다에서의 첫날 밤을 보내야 했다.

다음 날 아침, 빵 한 조각과 홍차 한 잔으로 간단히 아침식사를 한 다음, 르완다 CCC 책임자인 쿠루(Kulu) 형제를 만나 르완다의 수도 키갈리(Kigali)로 갔다. 시내에는 많은 군인들이 다니고 있었다. 나라가 아직 안정되지 않고 혼란 가운데 있다는 것을 짐작할 수 있었다. 우리가 방문하기 얼마 전에는 정권에 반대하는 반군이 수도 키갈리 근처까지 와서 총격전을 벌였다고 했다.

우리는 지저분하고 관리가 되지 않은 장로교 게스트하우스를 떠나 가톨릭 수녀들이 운영하는 게스트하우스로 옮기기로 하였다. 수녀들이 르완다 현지인들과 함께 생활하며 운영하는 곳이었는데, 조용하고 깨끗하게 관리되고 있었다.

우리는 르완다 서북쪽 지역을 조사하기 위해 콩고 자이르 국경 근처에 있는 기세니(Giseni)라는 도시로 향했다. 수도에서 불과 150킬로미터 떨어진 곳이었지만, 험한 산길을 지나야 했기 때문에 도착할 때까지 4시간이나 걸렸다. 기세니로 가는 동안 상당히 많은 사람들이 비를 맞으면서도 옥수수가루를 머리에 이고서 먼 거리를 걸어가는 모습을 보았다. 그들이 얼마나 어렵게 살아가고 있는지 짐작할 수 있었다.

기세니에 도착한 나는 키부(Kivu) 호수를 보고서 감탄을 금치 못했다. 벨기에 식민지 시절에 호숫가에 지어놓은 아름다운 별장을 보니, 그곳이 마치 유럽 같았다. 식민 통치를 했던 유럽인들은 어디를 가든지 자신들의 휴식 공간을 만들었다.

자이르 동부 지방의 중심 도시인 고마를 조사하기 위해 방문했다. 르완다와 자이르 사이의 국경은 허술했다. 바리케이트 두 개만 넘으면 쉽게 오갈 수 있었다. 르완다와 자이르 사람들은 비자 없이 걸어서 국경을 건너다녔다. 세계 유일의 분단국가에서 33년을 살아온 나로서는 다른 나라를 걸어서 오간다는 것이 상상이 되지 않았다.

우리는 수도 키갈리로 돌아오는 길에 어느 마을에서 잠깐 쉬었다 가기로 했다. 이곳에서 르완다 도로공사를 위해 파견돼 일하고 있는 중국인 노동자들을 만났다. 나는 학창시절에 공산주의자인 '중공' 사람들이 머리에 뿔이 달리고 사나운 사람들이라고 배웠기 때문에, 그들을 만나자 순간적으로 긴장하였다. 하지만 내가 만난 중국인들은 머리에 뿔이 없었다. 사납기는커녕, 나를 보고서 같은 피부를 가진 사람이라고 상당히 반갑게 대해주었다. 비록 짧은 여행이었지만, 이렇게 여러 상황을 만나니 상당히 피곤하였다. 르완다 산악 지방에 대한 사전 지식 없이 반팔 옷을 입고 갔다가 밤에는 기온이 급감하여 추위에 고생하기도 했다. 오후 서너 시경에 키갈리로 돌아올 것으로 예상했던 우리 계획은 크게 어긋나 밤 9시가 되어서야 돌아올 수 있었다.

나는 르완다 조사 여행을 하면서, 한국인이 1명도 없는 르완다에 가서 한국인 최초로 선교사역을 하면 좋겠다는 생각을 막연하게 하였다. 한국 선교에서는 처녀지인 르완다에 대한 거룩한 호기심이 든 것이다. '이것이 바울이 미지의 땅을 향하여 가려고 했던 거룩한 발걸음과 연결된 생각은 혹시 아닐까' 하는 생각이 들었다. 그리고 몇 년이 지났다.

엔테베 작전

1994년에 르완다 부족 사이에서 전쟁이 발생했다는 뉴스를 들었다. 내전으로 수많은 사상자가 났다는 소식을 들은 아프리카선교회는 르완다 구호사역을 하기로 결정하였다. 한양대학교병원에서 의사 4명과 간호사 4명으로 구성된 의료봉사단을 르완다 전쟁난민 구호현장에 파견하였다. 나는 이들과 함께 구호사역을 했다.

한양대 의료봉사팀은 우간다 국경 방면으로 오전 9시에 출발하는 기차를 타고 떠나기로 하였다. 하지만 자이르대사관에서는 비자를 순조롭게 내주지 않았다. 나는 기차가 출발할 시간에 대사관 문이 열리자마자 들어가 비자를 받을 수 있었다. 서둘러 기차역으로 뛰어갔는데, 기차는 이미 떠난 뒤였다. 내가 없으면 봉사단을 안내할 사람이 없었으므로 발을 동동 굴렀다. 역장에게 사정했다. "르완다 난민 구호를 위해 한국에서 온 사람들은 나 같은 현지 코디가 없으면 일할 수 없다. 그러니 기차를 다음 역에 정차시킬 수 있느냐?" 그러자 역장은 내가 재빨리 다음 역인 키베라(Kibera)까지 갈 수 있도록 경찰을 불러주었다.

나는 홍화옥 선교사와 함께 다음 기차역인 키베라까지 트럭을 타고서 질주하였다. 기차보다 빠른 속도로 운전한다는 것이 얼마나 스릴 있고 위험한 일이었겠는가? 마치 전쟁터에서 작전을 수행하는 스파이가 된 것 같았다. 다행히 우리 차가 키베라 역에 먼저 도착했다. 달려오는 기차를 세우기 위해 손을 흔들며 소리를 지르자 기차에 탄 다른 사람들은 영문을 몰라 어리둥절했지만, 한양대학교 의료봉사팀은 나를 알아보고서 환호성을 질렀다. 그들은 아프리카에 처음 왔다가 안내자 없이 기차가 출발해버려 가슴 졸이고 있었는데, 내가 합류하자 긴 안도의 숨을 내쉬었다.

우리 일행은 시속 40킬로미터로 달리는 기차를 타고서 케냐와 우간다 국경에 위치한 부시아(Busia)에 도착했다. 내가 트럭으로 기차를 앞설 수 있던 비결은 그렇게 느린 기차 덕분이었다. 그곳에서 우리는 승합차를 빌려 엔테베(Entebee) 공항까지 이동하였다. 당시 르완다 난민촌으로 가는 유엔 비행기는 우간다 엔테베 공항에서 출발했기 때문에, 우리 봉사단은 그날 실로 우여곡절 끝에 엔테베 공항까지 이동했던 것이다. 그러나 고마의 난민촌으로 가는 정기 항공편은 없었다. 유엔에서 제공하는 항공기를 타야 했기 때문에, 언제 떠날지 몰라 하염없이 기다리는 수밖에 없었다. 때마침 미군을 수송하는 비행기가 도착했다. 하지만 그 비행기도 군인에게만 허락된 것이었다. 나는 우연히 그 군용기에 군목이 함께 타고 왔다는 정보를 입수했다. 군목을 만나 사정을 토로하였고, 한양대학교 의료봉사단을 위한 자리를 확보할 수 있었다. 자이르 고마 난민촌으로 가는 엔테베 작전에 성공한 기분이었다.

나는 우간다 창공을 날면서 하나님께 감사의 기도를 드렸다. 그런데 자이르 고마 공항 활주로에 접근해 착륙하려던 미군 군용기가 다시 올라가는 것이 아닌가! 영문을 몰라 어리둥절했는데, 설명을 들어보니 공항 활주로에 유목민들이 소떼를 몰고 들어왔기 때문에 충돌하지 않으려고 다시 이륙했다는 것이었다. 어처구니없는 말을 듣고서, 전쟁 난민을 위한 사역이 순탄하지 않을 것이라는 예감이 들었다. 비행기는 소떼가 떠난 다음에 다시 착륙을 시도하여 활주로에 내릴 수 있었다.

난민촌의 비닐하우스와 천막 진료소

르완다 난민촌은 모두 비닐이나 천막으로 지은 것이었다. 난민들 대부분은 1평 남짓한 비닐하우스 바닥에 지푸라기를 깔고서 10명 이상의 가족들이 함께 생활해야 했다. 고마에 정착한 100만여 명의 난민들은 내전으로 르완다 본토를 떠난 300만 명 가운데 일부에 불과했다.

난민들의 비닐하우스는 낮에는 아프리카의 태양이 매우 뜨겁기 때문에 옥수수 줄기와 나뭇잎 같은 것으로 지붕을 덮었다. 비닐하우스 안에는 전기도 가구도 없었다. 피난 나오면서 가지고 온 트랜지스터 라디오와 쓸만한 물건들은 자이르 군인들이 총으로 위협하여 전부 빼앗아버렸다. 그야말로 빈손이 된 인생들이 하루하루 연명하고 있었다. 나는 하나님께서 이들에게 긍휼을 베풀어주셔서 빠른 시간 안에 회복의 은혜가 있기를 기도드렸다.

르완다 난민촌의 진료소 역시 천막으로 지은 것이었다. 대부분의 NGO들이 주일엔 쉬기 때문에 월요일이 되면 수많은 환자들이 진료소에 몰려든다. 긴급한 환자들은 줄을 거치지 않고 특별히 빨리 의사를 만날 수 있게 하였다. 주말 내내 고열과 탈수 현상으로 고통당하던 어느 환자가 응급으로 후송되어 의사 앞에 앉았다. 그런데 의사가 진맥하고 맥박을 재는 1분 동안 기력이 급격히 떨어지더니, 그 자리에서 그만 숨을 거두는 게 아닌가! 나는 졸지에 생명이 끊어지는 장면을 목격해야 했다. 그를 보고 불쌍한 마음이 들었고, 인생의 허무함을 동시에 느꼈다. 나도 언제 무슨 일을 당해 언제 죽을지 모르는 정말 짧은 인생을 살면서, 생명 구원을 위해 생명을 버리신 예수의 모델을 본받아 값진 인생을 살아야 하겠다고 다짐하였다.

르완다 난민촌의 교회와 학교 또한 천막으로 지은 것이었다. 주일마다 난민촌 현장에 천막을 쳐놓고 예배를 드렸는데, 아프리카의 작열하는 햇살 아래에서 3시간 동안 비지땀을 흘리고 춤을 추며 찬양하면서 예배를 드렸다. "누암베레, 누암베레, 누암베레 와

마이 아마호로 누암베레"(Nuambere Nuambere Nuambere Wamai Amahoro Nuambere)를 여러 시간 외쳤다. 그들이 부른 찬양의 내용은 "예수만 우리 안에 있다면 모든 것을 잃어도 기쁘다"라는 것이었다. 그것은 바울의 고백이기도 하다. 우리는 예수가 내 안에 있으면 세상의 모든 것이 배설물로 여겨지고, 완전한 자유와 기쁨을 누리면서 살 수 있다. 우리는 그걸 말로는 쉽게 할 수 있지만, 그들이 하는 그 고백은 다르게, 진실하게 들렸다.

천막 교회는 주중에는 천막 학교가 되었다. 비록 비정규 교육이지만, 매일 500여 명의 어린이들이 천막 교실에 와서 교육을 받았다. 아무런 소망이 없는 난민 생활을 하는 아이들에게 유일한 낙은 매일 천막 학교에 와서 친구들을 만나서 놀고, 외국인 선교사들에게 교육받는 일이었다. 비록 전쟁으로 인하여 나라가 폐허가 되고 하루하루 사는 것이 고통스러운 일이었지만, 그들은 교육을 통해서 희망을 가질 수 있었을 것이다. 교육이 나라의 미래를 살릴 수 있는 원동력이다.

우리는 르완다에서 난민사역을 할 때, 콩고 자이르의 니라공고(Nyiragongo) 산을 등정하였다. 고마에서 난민촌 사역을 할 때, 밤마다 시뻘건 불이 타오르는 니라공고의 화산을 보면서 '저 산꼭대기를 한번 올라가 보아야겠다'는 생각을 실천에 옮긴 것이다.

니라공고 화산은 성층 활화산이며 세계에서 가장 큰 용암호를 가지고 있다. 3,470미터 높이의 니라공고 산은 사람과 가장 유사하게 생겼다는 마운틴 고릴라가 서식하는 곳이다. 나와 한양대학교의 의사와 간호사들은 산꼭대기에 올라가면서 숨이 턱밑까지 차오르는 것을 느꼈다. 산꼭대기에 도달하자 우리를 에스코트하던 무장 군인이 멈추라고 소리를 질렀다. 알고 보니 화산 부근이었다. 니라공고 활화산은 직경이 800미터이고 깊이가 800미터인데, 발을 잘못 디디면 800미터 아래로 수직 낙하할 수 있기 때문이었다. 아래를 내려다보니 새빨간 마그마가 폭죽처럼 끓고 있었다. 나는 순간적으로 심판의 날과 지옥불을 연상했다.

군고구마 전쟁

르완다 대학살을 피해 고마 난민촌으로 온 사람들은 하루 한 끼도 먹기 힘든 상황이었다. 아이들의 눈은 영양실조로 퀭하였고 깡마른 몸은 가죽과 뼈만 남은 것 같았다. 맨발은 마치 나무껍질을 연상케 할 정도로 거칠었다. 그런 모습의 어린이들 수백 명이 우리 선교회에서 운영하는 루가리(Rugari) 캠프에서 줄을 서서 먹을 것을 기다렸다. 아이들은 황인종인 나의 피부색을 보고 신기한 듯 쳐다보다가, 눈이 마주치면 해맑은 모습으로 방긋 웃었다. 집도 없고 교육도 받지 못했지만, 순수한 어린이들의 미소를 보니 가슴이 저며왔다.

허름한 옷차림의 아주머니 한 분이 어디서 구해 왔는지 고이 싼 군고구마 한 개를 내게 주었다. 자신들에게 양식을 주어서 감사하다는 인사를 하려는 것이었다. 그때, 옆에서 줄을 서고 있던 한 어린이가 내가 받은 군고구마를 처량한 눈빛으로 쳐다보았다. 나는 그걸 차마 먹을 수 없었다. 그 아이에게 군고구마를 주었다. 바로 그 순간, 키가 조금 더 큰 아이가 오더니 작은 아이가 받은 군고구마를 빼앗으려 했다. 그러자 아이는 도망가면서 군고구마를 입 속에 구겨 넣었다. 큰 아이는 화가 났는지, 그 아이를 쫓아가 머리를 쥐어박았다. 고구마를 먹어버린 아이는 '으앙' 하며 울기 시작하였다. 빼앗고 빼앗기는 '작은 비극'의 모형과 참담한 굶주림의 현장을 눈앞에서 본 것이다. 마음이 무거웠다.

지구촌의 열강들이 조금만 낭비를 줄이고 나누며 살아간다면 얼마나 좋을까? 한국에서도 남아서 버리는 음식을 이곳에 가져올 수만 있다면 르완다의 굶주린 사람들을 다 먹일 수도 있을 것이다. 그럴 수만 있다면, 르완다 난민촌처럼 굶주리는 비극의 현장이 사라질 것이라는 생각을 했다. 나는 자이레 동부 고마에서, 개딱지처럼 붙어 있는 비닐하우스에서 사는 100만 명의 난민들을 보면서, 예수 그리스도의 이름으로 사랑의 구호사역에 최선을 다하기로 다짐할 뿐이었다.

우리 선교부는 르완다 난민 구호사역을 위해 비루마(Biruma)와 루가리(Rugari) 두 곳의 난민 캠프에서 거주하는 1,500명의 피난민들에게 급식을 제공했다. 하루에 책정된 급식비는 고작 1인당 미화 50센트였다. 하루에 한 번 먹을 기회가 있는 어린이들은 급식이 시작되기 오래전부터 줄을 서서 기다렸다. 그들의 재산은 낡은 접시

한 개뿐이다. 그런 접시마저 없는 아이들은 바나나 잎사귀로 접시를 만들어서 배급받는 줄에 섰다. 하지만 바나나잎 접시는 아무 쓸모없었다. 콩과 옥수수를 삶아 만들어 뜨거운 기데리(Kideri)를 받을 때 쏟아지는 사고가 흔했다. 음식을 버릴 뿐 아니라 손에 화상을 입기도 하였다. 형을 따라 급식을 받으러 온 세 살짜리 아이가 처음 보는 동양인을 보더니 겁에 질려 이리저리 뛰며 도망하기도 하였다. 음식을 받은 아이들은 식사기도 시간에 눈을 뜨고 음식을 보면서 군침을 흘리기도 하였다. 급식 시간마다 줄을 세우는 호각 소리와, 앞에 서려고 서로 싸우는 아이들이 우는 소리를 들으면서, 나는 난민 현장에 와 있는 것을 실감했다.

내가 르완다에 갔을 무렵, 나의 어머니 김신일 권사님(당시 65세)은 나의 아내가 셋째 딸을 출산하게 되자 산바라지를 하기 위해 한국에서 아프리카까지 와 계셨다. 그런데 고마 난민촌에서 하는 급식 사역에 일손이 한참 부족했기에, 어쩔 수 없이 어머니에게 난민촌에서 봉사해달라고 부탁드렸다. 그래서 나의 어머니와 임종표 선교사의 어머니인 이효순 권사께서 해외여행 나들이 차림 그대로, UN에서 제공하는 비행기를 타고서 급히 르완다에 오셨다.

동갑의 선교사 모친들께서 르완다에 오셨을 때, 그 나라의 상황은 전쟁터를 방불했다. 여러 나라에서 온 군용기와 경비행기가 고마 공항을 수시로 드나들며 '생명 살리는 사역을 하는 사람들'을 실어 나르고 있었다. 내 아내는 자기의 산바라지를 위해 오신 시어머니가 르완다 난민 봉사를 하러 가시자, 어쩔 수 없이 셋째 지은이를 낳은 다음의 산후조리를 아직 아기들이었던 첫째 고은이와 둘째 다은이를 데리고서 스스로 할 수밖에 없었다.

현지 교회를 돕는 장기적인 길

르완다를 비롯해 아프리카 국가마다 겪는 가장 큰 문제는 강한 부족주의(tribalism)로 인한 갈등이다. 르완다에는 부족 전쟁이 일어나기 전에 가톨릭교회의 부흥이 있었다. 가톨릭은 르완다 인구의 90퍼센트가 가톨릭 교인이라는 사실을 대내외적으로 자랑했지만, 평화를 가장 중요한 교리로 강조하는 가톨릭조차 부족 사이의 갈등의 벽을 넘지는 못했다.

1994년 4월에 발생한 르완다 부족 전쟁은 종교를 뛰어넘는 부족주의의 갈등을 특히 잘 보여주는 것이었다. 나는 그들에게 복음을 전하면서, 사망을 완전히 사망시키고 부활하신 그리스도 안에서 영원한 평화를 누리게 될 것이라고 외쳤다.

나는 르완다의 영적인 봄날을 위해 기도했다. 1994년에는 르완다에서 구호사역을 했는데, 19년 만인 2013년에 르완다를 다시 방문했을 때는 '목회자훈련학교'를 개설하였다. 1994년에 육체적으로 죽어가는 르완다 사람들을 살리기 위한 구호사역을 했다면, 2013년에는 르완다의 목회자들을 초청하여 영적 양식인 하나님의 말씀을 가르치고 '르완다의 영적인 봄날'을 기대하게 된 것이다.

감개가 무량했다. 생명을 걸고 구호사역을 했던 르완다를 십수년 만에 다시 방문해 르완다 현지인 목회자들을 위한 훈련학교를 시작하게 된 것은 하나님의 섭리와 은혜였다.

나는 목회자훈련학교를 열기 약 1년 전인 2012년 5월에 '희망의 르완다'를 꿈꾸면서 전도여행을 하였다. 그러면서 목회자훈련학교에 대한 필요성을 느끼고, 그 이듬해에 실행하게 된 것이다.

내가 목회자를 위한 르완다 사역을 시작할 수 있었던 계기는 특별했다. 2011년에 우간다에서 목회자훈련학교를 인도하였을 때, 르완다 군인 출신인 이노센트(Innocent)가 그 훈련에 참가해서 은혜를 받고, 르완다 목회자도 훈련시켜달라는 요청을 했기 때문이었다.

2012년의 여행은 르완다 목회자훈련을 계획하기 위한 조사 차원의 여행이었다. 나는 18년 만에 가본 르완다에서 적지 않게 놀랐다. 1994년에 갔을 때 수도 키갈리의 집들은 부서졌고 벽에는 총탄 자국이 선명했는데, 그런 전쟁의 모습을 전혀 볼 수 없었다.

나를 비롯한 선교사 일행은 르완다 목회자들을 훈련시키기 위한 구체적인 계획을 수립했다. 이노센트 목사는 호텔을 빌려서 목회자훈련을 진행하자고 제안하였다. 호텔에서 훈련하면 숙식이 해결되기 때문에, 르완다를 방문해서 사역하는 미국과 유럽의 선교회들은 호텔을 빌려서 모든 프로그램을 진행한다고 하였다. 나는 외국인의 재정에 의존해서 목회자훈련을 하면 르완다 목회자들이 외국 자본에 의존하게 된다고 반대하였다. 그래서 조금 불편하더라도 르완다 현지 교회를 빌려서 훈련시키자고 제안하였다. 내 제안이 받아들여져, 목회자훈련은 현지 교회에서 진행되었다.

우리는 아프리카 교회들이 가난하여 불쌍하다고 생각하면서, 외국에 재정을 의존하도록 만드는 오류를 범하곤 한다. 그러나 장기적으로 그들을 돕는 길은 스스로 자립할 수 있도록 돕는 것이다.

아프리카의 희망

2012년에 르완다를 방문했을 때, 서부 지방에 있는 기타라마 장로교회를 방문하여 주일 집회를 인도하였다. 사도행전 3장 1-10절 말씀을 중심으로 '예수 이름은 치유와 완전한 회복의 능력이 있다'라는 주제로 말씀을 전하였다. 18년 전에 르완다에서 일어났던 종족 대학살로 인한 상처를 예수의 이름으로 치유하고, 완전한 회복을 통하여 아프리카의 불어권 선교에서 르완다가 전진 기지가 되자고 강조하였다.

4시간가량 대장정의 예배를 드리는 동안 교인들은 '아멘'으로 화답하였다. 교회 지도자들은 내게 다음에 다시 와서 기타라마 지역에 흩어져 있는 35개의 교회 목회자들과 지도자들을 모아서 목회자훈련을 하자고 제안하였다. 르완다 교회를 살리려면 목회자들을 훈련해야 하기 때문이다. 그들은 내게 부흥회도 인도해달라고 부탁하였다. 르완다 장로교단의 임원인 그 교회의 담임목사는 목회자훈련을 위한 준비를 책임지겠다고 답하였다. 그래서 이듬해에 목회자훈련을 진행할 수 있었다.

목회자훈련학교에는 87명의 목회자들이 참석하였다. 나는 5일 동안 매일 8시간씩 신약개론(New Teatament Survey)을 강의하였다. 이들을 통해 하나님께서 르완다를 회복시키시고 르완다 전역에 성령의 새바람이 불기를 기도드렸다.

'르완다의 영적 부흥'이라는 기치를 들고 다시 르완다를 방문했을 때, 나는 야마타(Nyamata) 지역으로 전도여행을 하였다. 우리는 야마타 교회 근처에서 텐트를 치고 지냈는데, 저녁 집회를 마치고 와보니, 도둑이 텐트를 찢고서 사진을 전공하는 팀원의 값비싼 카메라를 훔쳐갔다는 걸 알게 되었다. 무려 6천 달러 상당의 카메라였다. 팀원 전체가 술렁거렸고, 야마타 교회의 목사는 미안해서 몸 둘 바를 몰랐다.

하필 그날 설교 본문이 요한복음 10장 10절이었다. "도적이 온 것은 도적질하고 죽이기 위해서이고, 그리스도께서는 우리들 양으로 하여금 생명을 얻고 더욱 풍성히 얻게 하기 위해 오셨다"라는 말씀이었다. 내가 이 말씀을 전하고 있을 때, 도둑이 와서 카메라를 훔쳐간 것이었다. 나는 선교팀원에게 "야마타에 역사하는 사탄의 정체가 노출되었으니 더욱 힘써 복음을 전하자. 우리를 상심하게 만드는 사탄의 계획을 파하고 사역에 전념하자"라고 위로하였다. 선교팀원들은 뜨거운 기도를 마친 후에 평안을 찾게 되었다.

우리는 경찰에 신고하였고, 동네를 찾아다니다가 결국 카메라를 훔친 범인을 찾았다. 동네 아이들이 카메라를 장난감인 줄 알고서 부순 다음 가지고 놀고 있었다. 그들은 6천 달러짜리의 전문가용 카메라가 무엇인지 몰랐고, 그게 얼마나 비싼 것인지도 알 수 없었다. 기가 막히는 장면이었다.

우리는 아이들이 호기심에서 모르고 저지른 일이니 선처해달라고 경찰에게 부탁하였다. 이 일이 계기가 되어 지역 경찰과 군인들이 와서 우리를 지켜주게 되었다. 그 덕분에 우리는 지역사회의 치안 유지군과 유대를 쌓게 되었다. 하늘 아버지께서 다 보고 계시니, 어떤 결과가 나올지 기대가 되었다.

야마타 지역을 다니면서, 르완다 어린이들을 위해 성경학교를 인도하였다. 수천 명의 아이들이 성경학교에 참여해서 하나님의 말씀을 듣고 찬양하며 기뻐하였다. 대부분의 아이들은 인형극을 태어나서 처음으로 보는 것이었다. 낄낄대고 기뻐하며 소리를 질렀다. 이 아이들이 르완다의 희망이다. 아프리카의 희망이기도 하다.

가족과 함께 한 선교

이은용의 아내 홍영신 선교사

나는 예수님을 믿지 않는 가정에서 1남 4녀 중 막내딸로, 그것도 아주 늦둥이로 태어났다. 내가 태어날 때 아버지는 43세, 어머니는 42세셨다. 두 분 다 고향이 제주도인데, 일제시대에는 일본에서 사셨고, 그곳에서 큰오빠를 낳으셨다. 아버지는 형제자매가 많은 가정에서 막내로 태어났는데, 7살쯤에 부모님이 돌아가셔서 거의 고아같이 자랐다고 말하셨다. 나는 할아버지 할머니를 본 적이 없다. 당시 한국 사람은 다 어렵고 가난했기에, 아버지는 정말 열심히 사셨던 걸로 기억한다. 자수성가하셨으니, 얼마나 고단한 삶을 사셨을지 상상이 가고도 남는다.

아버지는 학교를 다닌 적이 없었지만 한문에 능하셨고, 글씨체가 참으로 좋으셨다. 내가 초등학교를 입학하기 전에 한글을 가르쳐주신 분도 아버지셨다. 자상하거나 따뜻하지는 않으셨지만 가장으로서 의무와 책임을 다하셨고, 1남 4녀를 다 대학에 보내신 훌륭한 분이시다. 그런 아버지는 1999년에 79세의 나이로 하늘나라에 가셨고, 엄마는 현재 100세로서 생존해 계신다.

부모님은 내가 태어나기 전에 제주도를 떠나 서울로 이사오셨다. 서울에서도 제사를 중요시하는 제주도민의 풍습을 따라 한 달에 한 번 이상 제사를 지냈다. 아버지는 제사를 지내는 날엔 악한 영이 있다는 걸 실감할 수 있을 정도로 난폭해지셨다. 엄마는 아버지의 기분을 살피며, 제사를 준비하고 제기를 정리하는 늦은 밤까지 종일 전전긍긍하셨다. 절에 다니며 정성스레 시주와 공양을 하는 엄마를 따라 절에 갔던 기억도 내게는 있다. 엄마는 백팔 번의 절을 하고 집에 돌아오면 앓아 눕곤 하셨다. 나는 이렇게 기독교와 전혀 상관없는 가정에서 태어나 어린 시절을 보냈다. 나는 유난히 몸이 약해 병원 신세를 많이 졌다. 학교에서 친구들과 운동장에서 놀고 싶어도 체력이 받쳐주지 못했다.

어느 날 10살 위인 둘째 언니(현재 케냐에서 43년째 사역중인 홍화옥 선교사)가 대학에 입학하고서 친구의 인도로 충현교회를 나가게 되었다. 대학에서 예수전도단을 알게 돼 열심히 믿음 생활을 하게 되었고, 막내였던 나의 손을 잡고 충현교회 초등부실 예배당에 데려다주었다. 우리 가정에 복음의 문이 열리기 시작했던 것이다. 9살에 처음으로 교회 마당을 밟고 말씀을 듣는데, 전도사님의 말씀이 너무나 재미있었다. 성경 말씀이 다 살아서 움직이는 것처럼 100퍼센트 믿어졌다.

어느 주일, 전도사님이 설교 중에 "하나님이 가장 싫어하시는 죄가 우상을 숭배하는 것이고, 예를 들면 제사를 지내는 것"이라고 말씀하셨다. 내 마음이 너무 두려웠다. 또 "예수를 믿어야만 구원을 얻을 수 있다. 주 예수를 믿으라! 그리하면 너와 내 집이 구원을 얻으리라"는 말씀이 내 귀에 쏙쏙 들어왔다. 그래서 하루는 주일학교 선생님의 손을 붙잡고 사정하면서 이렇게 간청한 적도 있다. "선생님, 우리집에 가서 우리 부모님께 예수님을 믿으시라고 전해주세요. 그렇지 않으면 우리 부모님은 지옥에 가게 될 거예요." 나는 부모님의 구원을 위해 정말 간절히 기도했고, 우리 가정에서 제사가 없어지기를 오래 기도했다. 시간이 걸리긴 했지만, 하나님은 어린 나의 기도를 들어주셔서 부모님이 교회 나가기 시작하셨고, 마침내 제사도 폐하고 구원을 받으셨다.

내가 태어난 시절은 남아선호사상이 주류를 이루고 있었다. 나를 임신했던 어머니는 이미 딸이 셋이나 있었고, '노산에 또 딸을 낳지 않을까' 하는 두려움 때문에 산부인과를 찾아가 나를 지우려 하셨다. 그때 산부인과 선생님께서 "아주머니, 이 아이는 아들이니 꼭 낳으셔야 합니다"라고 만류했다. 엄마는 혹시나 하는 마음에 기대하면서 힘든 임신기간을 보냈고, 몇 달 후 나는 세상에 태어났다. 어머니는 의사를 보자마자 "딸인가요? 아들인가요?" 하고 물어보았는데, 의사 선생님은 "아기가 솜털이 너무 복실복실 많아서 씻겨보아야 알겠다"라고 답했단다. 그 의사의 선의의 거짓말 때문에 세상에 태어난 아기가 지금의 나다. 나는 그 이야기를 어릴 때 들었는데, '그 의사 선생님이 진짜 남자 여자를 구별할 실력이 없었나? 참 재미있는 의사다'라는 생각을 했다. 그러나 선교사가 되고 난 지금, 그 모든 것이 하나님의 계획이었다는 것을 나는 안다.

마치 모세를 이집트 군인의 손에서 건지신 것처럼, 그것은 나를 향한 구원의 스토리였다.

아들을 기대하며 기다렸던 부모님에게 실망을 안겨주었기에, 어린 시절의 나는 '어떻게 하면 부모님께 인정받을까?' 생각하며 전전긍긍하였다. 학교에서는 남자아이들보다 공부를 더 잘하려고 노력했고, 비록 딸로 태어났지만 무엇이든 잘해서 부모님을 기쁘시게 해드리고 싶었다. 인정받고, 칭찬받고 싶어서였다. 그런 나의 열심 때문에 학교에서는 늘 우등생이요, 선생님들에게도 인정받는 모범생이었다. 특별히 교회 선생님들과 전도사님들이 나를 참으로 예뻐해주셨다. 그런데 예수님을 알고 믿게 된 후, 내가 이 땅에 태어난 것이 부모님의 계획이 아니라, 하나님께서 창세 전에 이미 나를 위한 계획을 가지고 계셨기 때문이라는 하나님의 말씀이 내 안에 자리잡으면서, 나에 대한 자존감을 천천히 회복하게 되었다.

초등학교 4학년이니까 10살 때 일로 기억한다. 나는 주일예배시간에 선교 보고를 하시는 선교사님의 말씀을 들으면서 하나님께 기도했다. "하나님! 나도 저 선교사님이 하시는 일을 하게 해주세요." 겨우 10살의 소녀가 한 기도였다. 그런데 하나님은 그 어린아이의 기도를 기쁘게 받으셨다. 그리고 지금까지 거룩한 인도하심과 보호하심, 공급하심과 승리하심으로 인도하셨다. 조상신을 비롯해 돌 하나와 나무 하나와 들의 꽃과 풀에까지, 무려 1만 8천여 개 신들의 고향이라 불리는 제주도에서 자란 부모님의 마음을 움직여, 우리 가족을 친척들로부터 분리시켜 서울로 이사하게 하신 것은 전적인 하나님의 계획이었고 개입하심이었다.

우리 네 자매는 모두 목사의 사모가 되었다. 그 중에 3명은 선교사가 되어 지금까지 사역하고 있으니, 모든 것이 하나님의 은혜이다. 우리 네 자매의 이야기를 듣은 사람들은 "부모님이 예수님을 정말 잘 믿으셨나 봐요"라고 말하거나 "몇 대째 예수님을 믿는 가정인가 보네요"라고 묻는다. 하지만 자녀들의 전도와 기도를 통해 믿음을 가진 부모님이기에, 원래의 우리집에서는 교회와 기독교 문화가 아주 낯선 것이었다.

나는 누가 시킨 것도 아니었지만, 선교사가 되면 많은 사람을 도우며 하나님께서 기뻐하시는 삶을 살 것이라는 비전이 어린 나의 마음에 깊이 각인되었다. 그리고 중등부 시절, 임원들에게 성경공부를 가르쳐주시던 전도사님께서 "너희들은 지금부터 장래 배우자를 위해 기도해야 한다"라고 말하셨는데, 나는 그 말씀에 순종하였다. 14살 때부터 미래에 만날 나의 배우자를 위해 기도하기 시작했던 것이다. 약 10년 정도 이렇게 기도했다. "하나님, 나는 선교사로 헌신했지만, 혼자서 가는 것은 무섭고 자신없어요. 선교사로 헌신한 배우자를 만나게 해주세요."

나는 대학교 졸업반이 되었을 때, 아프리카 선교를 위한 중보기도모임에서 남편 이은용 선교사를 만났다. 부자는 아니었어도 부족함 없이 온실 같은 환경에서 자란 나는 모든 고난의 길을 다 겪은 것 같은 남편의 간증 아닌 간증을 들으면서, '이렇게 고생을 많이 한 사람도 있구나'라는 생각을 하게 되었다. 왠지 내가 이런 사람 옆에 꼭 있어주어야만 할 것 같았다. 그런데 사실 나는 "고난을 많이 경험하여 어려움이 있을 때 나를 이끌어 줄 사람을 만나게 해 달라"고 오랫동안 기도하였기에, 그가 나를 위해 하나님께서 보내 준 사람이라는 것을 만난 즉시 알게 되었다. 그럼에도 불구하고, 만난 지 3개월도 채 안 되었을 때 남편이 결혼하자는 말을 했을 때 속으로는 기뻤지만, "무슨 남자가 중요한 일을 그렇게 서두르냐"면서 정중히 거절했고, "적어도 1년 이상은 교제해보고 결정하는 것이 좋겠다"고 말했다. 남편은 실망한 눈치였지만, 내 의견을 존중한다면서, 내가 결심이 설 때까지 기다리겠다고 했다.

하지만 내가 그를 만나서 대화하면 할수록, 그는 내가 하나님께 기도했던 바로 그 사람이라는 확신이 들었다. 그러나 부모님께 결혼할 상대라고 소개하는 건 또 다른 문제였다. 남편을 만날 당시 나는 강남 대치동에 살고 있었고, 남편은 내가 살면서 한 번도 들어보지 못한 삼양동이라는 강북의 달동네에서 살고 있었다. 나는 가능한 남편에 대해 좋은 것만 부모님께 말씀드리면서 부모님의 허락을 기다렸다.

남편은 그때 신학교를 다니고 있었고, 월 13만 원의 사례비를 받는 가난한 전도사였다. 어려운 형편의 부모님에게 폐를 끼치고 싶지 않았던 우리는 선교지에 나가기 전까지 시댁에 들어가 살아야 하는 형편이었다. 그런데 감사하게도 나의 부모님은 당사자인 내가 좋으면 된다는 조건 하나로 결혼을 허락해주셨다. 하지만 신혼

집 나들이를 와보신 부모님은 무거운 마음으로 막내딸의 신혼살림을 보고 가셨을 것이다. 나는 하나님의 신실한 응답으로 '선교 일념'의 모토를 가진 남편을 만나 결혼하였고, 진짜 선교사가 되어 아프리카로 삶의 터전을 옮겼다.

내가 그때까지 살아오면서 가장 힘든 경험은 샤워실과 수세식 화장실이 없었던 삼양동 달동네에서 한 것이 전부였다. 그러나 그것이 아프리카 적응을 위한 준비 작업이었음을 마사이 마을에 도착했을 때 알게 되었다. 우리가 머물렀던 숙소는 마사이 광야에 덩그러니 지어진 집이었다. 아침이면 사슴과 기린과 타조들이 우리 마당을 걸어 다니는 모습을 쉽게 볼 수 있었다.

내가 임신 말기에 들어서고 있을 때, 화장실에 자주 가야 했다. 그래서 밤이 되는 것이 너무나 두려웠다. 50미터 정도 떨어져 있던 화장실까지 가는 동안 달빛을 의존했다. 달빛마저 없는 날은 호롱불을 들고 다녀야 했는데, 가끔 하이에나의 울음소리를 듣기도 했다. 하루 이틀은 남편을 깨워 같이 가달라고 요청했지만, 하루 종일 노동과 야학으로 지친 남편을 깨우는 것도 점점 미안해져서, 아침까지 소변을 참으며 날이 새기를 기다린 날이 많았다.

집이 물이 없던 광야 지역에 있어서, 비가 올 때면 빗물을 받아 먹기 위해 지붕 처마 밑에 큰 물통을 놓고 살았다. 하루는 물탱크를 청소하기 위해 들어갔던 선교사들이 비명을 질렀다. 깜짝 놀라 나가 보았더니, 물탱크 바닥에는 광야의 먼지가 아주 두껍게 쌓여 있었고, 그 속에는 빠져 죽은 박쥐와 벌레들이 가득했다. 당시만 해도 생수를 사는 것은 꿈도 못 꾸는 시절이었는데, 우리가 그런 물을 마시면서 살았음에도 불구하고 아프지 않고 살았던 것은 전적인 하나님의 보호하심이었다고 나는 믿는다.

아침에 첫째 딸 고은이를 유모차에 태우고 나가면 동네 마사이 어린이들이 가득 모여들었다. 자기들과 모습이 다른 한국 어린이가 신기한지 딸의 머리카락을 잡아당기기도 해서, 고은이는 늘 울상이었고 울음을 터뜨리기도 했다.

나는 선교지에 도착한 지 3개월 만에 둘째 다은이를 출산하였다. 전기와 물이 없는 곳에서 갓난아기를 키우는 건 쉬운 일이 아니었다. 일단 씻기는 일이 쉽지 않았다. 먼지바람이 많이 부는 광야라 감기에 쉽게 걸렸는데, 병원에 가는 일이 쉽지 않았다. 아기가 밤에 열이 나서 울 때는 난감했다. 그때마다 나는 "예수님 도와주세요!"라고 간절히 기도했다. 때로는 "예수님의 보혈로" 찬양을 밤새 부르며 아기를 달래기도 했다.

셋째 지은이를 임신했을 때는 입덧도 심한데다 정말 먹을 것이 없어서 힘이 들었다. 선교팀들이 고국이 그리울 때 보라고 가져다 준 한국의 여성 월간지에서 한국요리 사진들을 보며 입덧을 잊으려 했다. 감기 몸살이 들면 선교사들에게 보약처럼 취급되는 귀한 음식인 라면을 먹고 기운을 차리기도 했다. 그나마 가끔 오는 선교팀이 두고 간 라면이었다.

셋째 지은이의 출산을 준비하고 있을 때, 남편은 시어머니에게 산후조리를 해주시기를 부탁드렸다. 어머니는 지은이가 태어나고 며칠 뒤 케냐에 도착하셨다. 마침 르완다에서 전대미문의 종족 학살 전쟁이 일어나 난민 구호사역을 위한 일손이 너무나 필요한 상황이었기에, 남편은 본인만 아니라 산후조리를 오신 시어머님마저 모시고 르안다를 향해 갈 수밖에 없는 실정이었다. 지금 생각해보면 내가 그 어린 나이에, 어떻게 그런 상황에서 남편은 물론 시어머님까지 보내드릴 수 있었는지 모르겠다. 그렇다고 원망하는 마음은 전혀 없었다. 어린아이를 출산했고 또 다른 어린 자녀들을 돌보아야 했기에, 구호사역에 함께 하지 못함을 늘 아쉬워했고 하나님께는 죄송한 마음이 있었다.

그런데 그 후유증은 시간이 한참 흐른 후에 나타났다. 셋째 지은이가 사춘기에 접어들 무렵, 순하기로 소문났던 지은이가 아빠에게 반항하기 시작한 것이었다. 지은이는 엄마인 나에게 "아빠는 나만 미워하고 나한테만 불공평해. 나는 아빠가 미워. 아빠는 이방인 같아"라고 말했다. 나는 그 말을 듣고 처음에는 너무 기가 막혀서 "아빠가 너를 얼마나 사랑하는데, 언니들과 동생이랑 똑같이 사랑하는데, 무슨 버릇없는 말을 그렇게 하느냐"고 야단치기도 했다. 그러나 지은이는 점점 더 심해졌다. 마음이 불편하니 아빠는 물론 엄마와 다른 자매들과 부딪히는 일이 자주 생겼다. 나는 집중적으로 지은이를 위한 기도를 시작했다. 대학 갈 날이 얼마 남지 않은 상황이라 이대로 집을 떠나면 도저히 관계 회복이 불가능할 것 같았다. 그래서 마침 우리 부부에게도 필요한 기회였지만, 나는 지은이의 회복을 목표로 잡고 안식년을 떠났다.

신실하게도 하나님께서 나의 기도를 들어주셨다. 안식년으로 미국에 도착하자마자 하나님께서 놀라운 은혜로 나를 먼저 회복시키기 시작하셨다. 선교지에 있을 때는 사역이 우선이라 아이들의 정서적인 면을 놓칠 때가 많았다. 그런데 사역을 내려놓고 있으니 아이들이 눈에 들어오기 시작했다. 늘 순종적이고 부모를 잘 이해해준다고 생각했던 아이들에게 깊이 자리잡고 있는 상처들이 하나둘 보이기 시작했다. 그때도 남편은 사역을 위해 에티오피아에 가 있던 상태라 셋째 지은이와 막내 예은이와 함께 저녁식사를 하던 중이었는데, 갑자기 지은이의 눈에서 흐르는 눈물을 보았다. 나는 이때다 싶어 지은이의 마음을 열어보려고 최선을 다했다. 하지만 그때도 지은이는 "아빠가 미워!"라고 말했다.

그런데 그 순간, 무언가 내 머리를 스치는 것 같았다. 하나님께서 지은이의 출생 당시를 생각나게 해주신 것이다. 아빠의 사랑을 받고 싶고 아빠의 음성을 듣고 싶었던 지은이의 영유아 시절에 아빠가 없었다는 사실을 깨달은 것이다. 그래서 나는 지은이에게 당시의 사정을 자세히 설명해 주었다. "네가 태어난 시절은 르완다 종족 분쟁으로 너무나 많은 사람들이 죽어 나가는 상황이라 선교사인 아빠가 그곳에 갈 수밖에 없었어"라고. 그리고 사과했다. "엄마가 너무 미안해. 아빠를 대신해서도 사과할게. 네가 아빠를 이해하고 용서해줄 수 있겠니?" 내 말을 듣는 지은이는 물론 내 눈에서도 눈물이 흘러내렸다.

그런 다음, 지은이는 내게 또 중요한 이야기를 한 가지 더 했다.

그것은 "엄마, 나는 엄마 아빠한테 아들이고 싶었어요"였다. 이 이야기는 나에게 너무나 충격이었다. 지은이를 임신한 소식을 한국에 알렸을 때, 우리를 위해 중보기도를 해주시던 한 권사님께서 "이번에는 아들인 것 같다. 아마도 아빠의 뒤를 이어 사역하게 될 것이다"라고 하셨다. 이미 두 딸이 있었기에 나도 은근히 아들을 기다리고 있었는데, 지은이가 태어났을 때 나의 마음이 많이 서운했다. 하지만 지은이를 보내주신 분이 하나님이심을 깨닫고, 바로 회개하고는 "이런 마음이 지은이에게 흘러 들어가지 않게 해주세요"라고 기도했다. 나는 지은이가 자라는 동안 한 번도 그런 이야기를 한 적이 없었다. 내색도 하지 않았다. 하지만 내가 어린 시절에 가지고 있었던 아픔과 상처를 내 딸 지은이가 똑같이 가지고 있었다는 것이 너무나 마음이 아팠다. 그래서 나는 나의 어린 시절 이야기를 지은이에게 해주었다. 그리고 딸(여자)로 태어난 나를 하나님께서 어떻게 치유하셨는지도 말해주었다.

"내 형질이 이루어지기 전에 주의 눈이 보셨으며 나를 위하여 정한 날이 하루도 되기 전에 주의 책에 다 기록이 되었나이다"(시 139:16).

기록된 말씀들을 믿음으로 받아들이고 머리로는 이해했지만, 사실 내 영혼이 그것을 완전히 받아들이게 된 데에는 특별한 계기가 있었다. 1997년에 안식년을 갖기 위해 미국에 훈련받으러 간 적이 있다. 첫 번째 안식년이었고, 미국이라는 곳도 처음이라 모든 것이 낯설었다. 더군다나 영어로 듣는 강의가 쉽지 않던 시절이었다. 훈련중에 한 주간 '하나님 아버지의 사랑'을 강의하기 위해 오신 목사님이 계셨는데, 나는 그 강의를 통해 많은 은혜를 받았다.

마지막 날, 그 목사님이 나에게 다가오셔서 내게 영어를 할 줄 아는지 물어보셨다. 내가 "Yes!"라고 대답하자, 그 분이 나의 귀에 대고 작은 소리로 말씀하셨다. "하나님은 당신을 한 소녀로 사랑하신다(God loves you as a girl)." 그 말을 듣는 순간 나는 그만 울음이 터져 버렸다. 그 목사님은 나에 대해 전혀 모르는 분이셨다. 그런데 하나님은 그를 통해 태어날 때부터 가지고 있었던 나의 상처를 완전히 치유해주셨던 것이다. 이 이야기를 지은이에게 들려주었다. 그날 밤 지은이와 나는 함께 울며 밤새도록 많은 이야기를 나누었다. 지은이는 오랫동안 말하지 못하고 자기 안에 가지고 있던 무거운 짐을 내려놓을 수 있었다. 나는 이메일로 지은이에 대한 이야기를 남편에게 나누었다. "당신도 지은이에게 용서를 구하는 편지를 보내라"고 부탁했다. 신실하신 하나님은 우리 지은이를 그렇게 완전히 치유해주셨다. 지금은 지은이가 아빠를 제일 많이 사랑하고, 아빠의 사역을 가장 많이 이해한다.

지은이는 대학교를 졸업한 후에 케냐로 돌아와, 아빠에게 훈련받은 현지인 목회자가 형편이 어려운 시골 지방에 세운 여자고등학교에서 2년 반 동안 교사로서 봉사하였다. 그때 지은이의 헌신을 보며 하나님께 얼마나 감사했는지 모른다. 처음에는 성경을 가르치기 위해 학교에 갔는데, 새로 세운 학교라 체계가 잡혀 있지 않았다. 또한 교장선생님이 갑자기 사망하게 되는 바람에, 갓 대학을 졸업한 지은이가 교장 대행에 학교 살림까지 돌봐야 하는 사정에 놓이게 되었다. 학교에는 컴퓨터를 할 수 있는 교사도 없었기에, 시험을 보는 날에는 선생님들이 낸 시험 문제를 타이핑하고 프린트하는 일, 평소엔 학생들을 상담하는 일, 아픈 아이가 있을 때는 병원에 데리고 가는 기숙사 사감 노릇까지 해야 했으니, 어린 나이에 1인 몇역을 했는지 모른다. 지금 생각해도 너무나 대견스럽다. 어른이 되어서 선교사로 나온 우리 부모 세대는 아무리 선교지의 현지인들과 같아지려고 해도 한계가 있다. 그런데 케냐에서 태어난 지은이는 마음속 깊은 곳에서부터 그들과 동등한 자세로 그 자리에 있을 수 있었고, 자신이 가지고 있는 시간과 재정을 진심어린 마음으로 학생들에게 쏟아부었기에, 학생들은 지은이를 너무나 사랑하고 존경했다. 시간이 많이 흐른 지금도 그때 아이들의 이름과 학번을 다 외울 정도이니, 그 아이들을 얼마나 사랑했는지 알 수 있다.

막내 예은이는 에티오피아로 건너가서 사역하던 중에 태어났는데, 임신 후반기에 접어들었을 때 한국에서 단기로 와 있던 자매가 만들어준 버섯요리를 먹고 온몸에 독이 퍼져 죽을 뻔했던 경험이 있다. 감사하게도 병원으로 후송되어 해독제를 맞고 치료받았다. 또 출산할 때는 목에 탯줄을 감고 나오는 바람에 위험했지만, 감사하게도 경험이 많았던 에티오피아 의사가 노련한 솜씨로 탯줄을 풀어 예은이가 무사히 태어날 수 있었다. 그런데 에티오피아 산부인과는 열악해서 산모가 머무를 수 있는 병실이 없었다. 그래서 아기를 낳고 2시간도 채 안 되어 퇴원해야 했다. 내가 네 번째의 출산이라 경험이 있는 산모여서 다행이었지만, 첫 출산이었다면 아마 어려웠을 것이다.

아프리카는 전력 사정이 좋지 않아 수도인 나이로비에서도 전기가 자주 나가곤 했다. 그럴 때면 우리 아이들은 손전등을 켜 놓고 공부하고 숙제를 했다. 하루는 예은이가 팀들이 사역 장비로 가지고 왔던 이마에 머리띠처럼 쓰는 전등을 켜고 숙제를 하는데, 그 모습이 마치 광부 같아서 어찌나 우습던지 우리 부부가 웃었던 기억이 있다. 그렇게 열심히 공부했던 막내 예은이는 고등학교를 수석으로 졸업하게 되었다. 여러 나라에서 온 선교사 자녀들이 다니는 학교에서 한국 학생이 수석으로 졸업한다는 것은 참으로 자랑스러운 일이다. 게다가 졸업식을 하는 날에는 수석 졸업자가 졸업생 대표로 졸업 연설을 하는데, 공교롭게도 졸업식날 우리 부부가 참석할 수 없는 일이 발생했다. 때마침 교단의 세계선교사회 총무를 맡고 있었던 남편이 브라질에서 열리는 중남미선교대회에 강사로 초청받아 가게 되었는데, 남편이 나와 동행하기를 원했다.

나는 마음에 갈등이 되어 예은이에게 어떻게 하면 좋을지 물어보았다. 그랬더니 예은이는 "꼭 엄마가 가야 되면 가세요"라고 대답해주었다. 우리 부부는 예은이가 허락(?)해준 것에 고마워하며 그 대회에 참석하게 되었는데, 나중에 다른 딸들로부터 예은이가 얼마나 섭섭해 했는지 알게 되었다. 마음은 원하지 않았지만, 아빠의 일이 중요했기에 일찌감치 포기했던 예은이의 마음이 얼마나 아팠을까? 지금도 그때를 생각하면 미안한 마음을 금할 길이 없다.

솔직히 말해 우리 아이들이 자라는 동안 나 자신은 물론이고, 특히 남편은 가정을 돌보는 일이 늘 차선이었다. '선교 일념'이 모토인 남편은 케냐, 에티오피아, 우간다, 탄자니아, 소말리아, 소말릴란드, 르완다, 부룬디 등 많은 아프리카 나라들을 셀 수도 없이 돌아다니며 복음을 전했다. 32년의 선교 기간 동안 320번 이상 전도 여행을 했다. 일주일에서 3주간은 보통이고, 어떤 때는 한달 혹은 6주가 걸리기도 했다. 아빠가 전도여행에서 돌아오면 아이들은 아빠에게 묻곤 했다. "아빠 또 언제 가세요?" 한번은 딸들이 "선생님이 엄마가 싱글맘이냐고 물어보셨어"라고 말했다. 그때는 "말도 안 돼!"라고 웃어넘겼지만, 부부가 자녀교육을 늘 함께 담당하는 서구 선교사들이나 외국 선생님들의 눈에 아빠는 보이지 않고, 대부분의 경우 엄마 혼자 학교에 나타나는 것이 그들에게 그렇게 비친 게 그리 이상한 일은 아니었을 것이다.

나는 아내로서, 그리고 엄마로서 아이들을 가정에서 하나님의 자녀로 잘 키우는 것이 나의 임무라고 생각했고, 늘 아빠의 빈자리를 채우기 위해 노력했다. 무엇보다 아이들이 아빠가 하는 일을 자랑스럽게 여기며, 아빠를 위한 기도를 쉬지 않도록 가르쳤다.

아이들이 자라서 함께 움직일 수 있을 때에는 가능한 한 전도여행에 아이들이 동참하도록 했다. 특별히 여름방학 때는 대학생 선교팀들과 함께 4주 혹은 6주간 케냐와 에티오피아 전도여행을 다니게 했다. 겨울에는 가족들만 전도여행을 하기도 했다. 그래서 우리 아이들은 짐을 싸고 푸는 일에 아주 능숙하다. 텐트는 웬만한 남자어른보다 잘 친다. 화장실이 없는 곳도 불평하지 않고, 먹을 것이 없어도 견딜 줄 아는 아이들이다. 불쌍한 사람들을 보면 긍휼의 마음을 가지고 베풀 줄 안다. 특별히 전도여행중에 아빠가 현지 교회에서 말씀을 전할 때는 집에서 들어보지 못하는 아빠의 간증과 설교를 들었다. 우리 아이들은 아빠의 설교를 자신들의 영적 일기장에 기록하기를 좋아했다. 아빠에게서 각자 들은 설교 내용을 모아서 책을 써보자는 이야기를 하곤 했다.

우리 딸들은 자신들이 태어난 아프리카를 자신들의 고향이라고 생각한다. 그리고 정말로 아프리카를 사랑한다. 하지만 선교사 자녀로서 가지고 있는 상처도 무시할 수 없다. 선교사 자녀로서의 경험을 해보지 않은 부모로서는 상상이나 이해가 가지 않는 상처들을 가지고 있다. 어린 시절부터 부모님을 하나님에게 양보했거나 빼앗긴 채 살았다고 생각한다. 늘 부모들이 자기들보다는 사역에 우선권을 두기에, 중요한 학교행사에 엄마 아빠의 참석을 기대하지 못할 때도 많았다. 아프리카를 고향으로 생각하며 좋아하지만, 한편으로는 자신들의 부모를 타의적으로 빼앗은 것 같은 아프리카를 미워하는 이중적인 마음을 가지고 있다.

대학생이 된 다은이와 지은이, 그리고 고등학생이던 예은이와 함께 미국에서 온 대학생 선교팀들과 전도여행을 하던 때의 일이다. 마침 뉴질랜드에서 DTS를 마치고 온 다은이가 합세했기에 우리는 즐거운 마음으로 사역하고 있었다. 그런데 기도시간에 다은이가 엄마와 동생들 앞에서 이런 고백을 했다.

"DTS를 끝내고, 케냐에 돌아가면 정말 열심히 사역해야겠다는 생각을 하고 돌아왔는데, 며칠 동안 사역하면서 왠지 모르게 너무 힘들었어. 그래서 계속 기도하는데, 하나님이 그 이유를 알게 해주셨어. 나는 이 사람들을 사랑하는 게 아니라 미워하고 있다는 걸. 우리한테서 엄마와 아빠를 빼앗아간 사람들이라고 생각하고 있었던 거야." 그러면서 눈물을 흘렸다. 그러자 지은이도 한마디 거들었다. "엄마와 아빠가 어떤 희생을 치르면서 이렇게 오랫동안 사역을 하고 있는데, 이 현지 목회자들은 어떻게 고마워할 줄 모르고 변화도 되지 않는 건지 너무 화가 나." 아이들의 이야기를 들으면서 우리는 함께 울었다. 아이들이 표현하지 않았기 때문이기도 하지만, 비자발적으로 선교사의 자녀가 되어 선교지에서 자란 우리 아이들의 마음속에 이렇게 큰 상처가 있다는 걸 부모로서 미처 모르고 있었다는 것이 너무나 미안해서였다. 늘 사역을 최우선으로 하는 부모 때문에, 마치 하나님께 부모를 빼앗겼다고 생각하도록 아이들을 키운 것이 너무나 마음이 아팠다.

선교는 남편 선교사 혼자, 혹은 부부 선교사만 하는 것이 아니라고 나는 생각한다. 선교사 자녀들을 포함한 온 가족의 희생과 이해, 그리고 기도가 모여 진행되는 것이다.

선교지에서 많은 시간이 흘렀다. 내가 27살에 선교지에 도착해서 어느덧 59세가 되었으니, 이제는 한국에서 산 시간보다 아프리카에서 산 시간이 훨씬 길어졌다. 그 시간 동안 네 딸들이 다 잘 자랐고, 감사하게도 모두 좋은 배우자를 만나 결혼하여 가정을 꾸리고 자녀들을 낳아 키우고 있다. 우리 딸들이 만난 배우자는 모두 본인들과 같은 MK들이다. 자신들의 처지를 누구보다 가장 잘 이해할 수 있는 배우자를 만난 것이 너무나 감사한 일이다.

첫째 고은이의 배우자 저스틴은 미국인이다. 부모는 OM선교사로 중앙아시아의 타지키스탄에 파송되어 오랫동안 일했으며, 지금은 아프가니스탄과 파키스탄 등 주로 이슬람 국가를 대상으로 일하고 있다. 저스틴은 외모는 미국인이지만, 생각하는 방식과 삶의 스타일은 오히려 중앙아시아 문화에 훨씬 가깝다.

둘째 다은이의 배우자 선교(폴)는 부모님이 캄보디아에서 오랫동안 사역해오셨다. 선교와 디은이도 현재 캄보디아에서 일하고 있다.

셋째 지은이의 배우자 요엘은 북유럽의 핀란드 사람이다. 부모님이 케냐에 와서 사역하는 동안, 지은이와 같은 학교를 다니면서 만났다.

막내 예은이의 배우자 민수(팀)는 미국에서 태어난 한국인이다. 팀의 부모님은 인도에서 사역하셨는데, 지금은 인도에서 사역하는 길이 막혀 서부 아프리카 말리에서 일하고 계시다.

나는 아들이 없지만, 하나님께서 나에게 잘 자란 아들 넷을 사위로 주셨다. 그리고 그 아이들이 우리 딸들을 아끼고 사랑해주는 것을 보는 것이 너무나 고맙기만 하다. 선교지에서 자라면서 부모에게 충분히 받지 못했던 관심과 사랑을 부부간에 서로 이해하며 나누다 보니, 우리 아이들의 상처들도 치료가 되고 있다고 믿는다.

사돈집과 화장실은 멀수록 좋다는 한국 속담이 있지만, 우리 부부는 사돈들과 만나 이야기하면 늘 시간이 모자란다. 왜냐하면 우리는 모두 하나님 안에서 동역자이고, 선교사역에 관한 한 서로를 너무 잘 이해한다. 그래서 할 이야기가 너무나 많기 때문이다. 나는 이 모든 것이 하나님의 은혜라고 생각한다.

선교사가 되어 한국을 떠날 때 나는 나와 우리 부부, 나아가 우리 자녀들의 미래가 어떻게 될지 전혀 상상할 수 없었다. 한 번도 가보지 않은 미지의 세계에서 어떤 일이 벌어질지 전혀 알 수 없었기 때문이다. 어디에 살 것인지, 무엇을 먹고 살 것인지, 아이들은 또 어떻게 키울 것인지, 아무것도 알지 못했다. 그러나 하나님은 모든 것을 계획하고 계셨다. 나는 유난히 눈물 많고 겁도 많고 마음도 약한 사람인데, 하나님은 나같이 유약한 사람을 부르셔서 선교지로 보내셨다. 그리고 한 순간도 떠나지 않으시고 나를 지키시고 인도해주셨다.

나를 지으시고, 나를 부르시고, 또한 나를 보내신 분이 하나님이심을 나는 확실히 믿는다. 나에게 주어져 있는 시간이 언제까지일지 모르지만, 하나님이 허락하시는 순간까지 선교사로서, 나를 보내신 자리에 서 있을 것이다.

5Y-SJB